"생각을 일으키는 에너지는 호흡에서 비롯된다."

바시쉬타Vasishitha

호흡 명상 스트레스에 강한 멘탈 만들기

1판 1쇄 인쇄일_ 2014년 8월 22일 | 1판 1쇄 발행일 2014년 8월 28일 | 지은이_ 박지명, 이정훈 | 펴낸이_ 류희남 | 편집장_ 권미경 | 표지본문디자인_ 김은정 | 삽화_ 박준우 | 펴낸곳_ 물병자리 | 출판등록일(번호)_ 1997년 4월 14일(제2-2160호) | 주소_ 110-070 서울시 종로구 새문안로5가길11, 801호(내수동, 옥빌딩) | 대표전화_ (02) 735-8160 | 팩스_ (02) 735-8161 | 이메일_aquari@aquariuspub.com | 트위터_ @AquariusPub | 홈페이지_ www.aquariuspub.com | ISBN_978-89-94803-27-2 03320

이 도서의 국립중앙도서관 출판사도서목록(CIP)은 서지정보유통지원시스템 홈페이지(http://seoji.nl.go.kr)와 국가자료공동목록시스템(http://www.nl.go.kr/kolisnet)에서 이용하실 수 있습니다.(CIP제어번호: CIP 2014023569)

호흡명상 스트레스에 강한 멘탈만들기

박지명 · 이정훈 지음

물병자리

숨, 잘 쉬고 계신가요?

명상의 역사는 인류역사와 같이 존재한다. 왜냐하면 인간이 생각하고 사유하면서부터 내면을 관찰하는 명상이 이미 생겨났기 때문이다. 명상은 그러한 존재를 자각하게 하고 인간의 고통을 치유하고 행복을 주는 방법이다.

오래전에 달라이 라마가 노벨상을 받은 지 몇 달 후, 운 좋게 그와 개인적인 만남을 가질 수 있었다. 그는 인자하고 많은 지식체계를 가진 훌륭한 종교가일 뿐만 아니라 명상가였다. 당시 그와의 대화 중에 가장 가슴에 와닿는 것은 그가 종교적 또는 철학적인 배경을 넘어서 삶의 목적을 '행복'이라는 단어 한마디로 표현한 것이었다.

그때의 그의 말은 아직도 강한 인상으로 남아 있다. 달라이 라마와 나와의 대화는 "당신은 지금 행복합니까?"라는 그의 말로 끝이 났다. 그렇다면 결론은 무엇인가? 그것은 우리 자신이 행복을 느껴야 한다는 것이다. 그러기 위해서는 우리는 자신을 행복으로 가져가야만 한다. 그리고 그 방법은 명상을 하는 것이다. 명상을 통하여 스스로 자신의 내면의 고요함을 유지시켜 지금 현재 행복함을 느끼는 것이다.

호흡은 우리의 모든 삶과 연결되어 있다. 몸과 마음, 이 둘을 잘 연결시켜 상호 발전시켜주는 것이 바로 호흡이다. 호흡에 집중하는 명상은 고대로부터 해왔던 방법이다. 조금만 자신의 내면으로 들어가면 세상은 달라진다.

그것은 많은 사람들을 가르쳐본 결과로써 자신있게 말할 수 있다. 필자는 오래전부터 인도에서 전해 내려오는 호흡 명상을 나의 스승에게서 배웠었고, 지금도 내 자신이 실천하고 있으며 수십 년 동안 다른 사람들에게 가르치고 있다. 그 중에서 전문적인 방법은 배제하고, 누구든지 실천해도 부작용이 없는, 스스로 호흡을 통해 몸과 마음이 발전될 수 있는 자연호흡 방법들을 이 책에 소개하였다. 다양한 계층의 사람들에게 가르쳐 실제적으로 효과를 보고 있는 방법들이다.

우리는 얼마나 자신에게 만족하는 삶을 살고 있을까? 사람들은 자신들의 생각이 스스로를 얼마나 휘감고 있는지 모르고 산다. 정말 나 혼자의 시간을 잠시라도 가질 수가 없을까? 가족과 친구나 회사에 있어도 나만의 시간을 가질 수는 없을까? 어디에도 가지 않고 자신과 여유를 부릴 수 있는 순간이 없을까?

성적이 떨어질까 공부만 하는 학생, 직장에서 시달리는 회사원, 집안일에 모든 시간을 쏟는 주부, 방향성을 잃고 노년의 시간을 흘려보내는 분 등 많은 분들이 자기만의 편안하고 여유로운 시간을 가진다면 그들은 보다 창조적인 삶을 살 수 있을 것이다.

이 모든 사람들이 잠시라도 호흡과 명상을 실천함으로써 몸과 마음이 안정이 되어 보다 좋은 활동을 할 수가 있다. 자신의 몸과 내면을 돌이켜보고 관찰하고 이 책에서 소개하는 간단한 방법들을 실천할 수 있다면 힘들고 바쁘고 복잡한 가운데에서도 힘들지 않고 재미를 느낄 수가 있을 것이다.

개인과 국가는 스트레스에 찌들어 있고, 지쳐 있는 삶을 해소할 만한 방법이 없을까 하고 끊임없이 그 해법을 찾고 있다. 호흡 명상은 그냥 자신이 자연스럽게 숨 쉬는 것 외에는 어떠한 조건이나 요구사항이 없다. 하루 24시간 언제든지 마음만 먹으면 할 수 있는 것이 생각하는 것과 숨 쉬는 것이다. 마음과 호흡과 몸이 별 탈 없이 잘 지낼 때 사람들은 건강하고 삶의 생동감을 가지며 자신의 삶은 발전되고 풍요로워질 것이다.

이 책을 같이 작업한 이정훈 선생은 오랫동안 호흡 명상의 방법을 직접 실천하고, SK 그룹에서 임직원들을 위해 만든 (재)행복날개수련원이라는 곳에서 가장 바쁘고 스트레스를 많이 받는 대기업의 임직원들을 계속해서 가르치고 있는 사람이다. 많은 임상적인 경험을 가지고 이 책을 작업했기에 오랜 전통을 가진 이 방법이 일반인에게 쉽게 다가갈 수 있을 것이라 생각된다. 그리고 내과의사이면서 호흡과 명상을 오랫동안 실천하신 조왕기 원장님의 추천사에 감사드리고 이 방법을 전수해준 오랜 스승들의 전통에 감사드리며 많은 사람들이 몸과 정신에 이익을 얻기를 바란다.

박지명

호흡은 삶의 동반자

치열한 경쟁을 이루는 사회적 분위기에서 점점 자연스럽게 내쉬고 들이마시던 호흡도 거칠고 빨라지고 있다. 과도한 스트레스에 따라 몸의 긴장과 통증, 더불어 자연 호흡의 기능을 잃어가고 있다. 그런데도 자신의 호흡이 불편하다는 사실을 인지하지 못한 채 극심한 감정 변화와 몸의 긴장 등의 연장선으로 이어지고 있다.

잠시 눈을 감아보자. 그리고 호흡을 편안히 관찰해보면 지금 자신의 호흡 상태를 알게 될 것이다. 만일 당신의 호흡이 불편하다면, 자신의 긴장이 무엇인지 이해하고 풀어내야 할 것이다.

SK 그룹 임직원분들과 외부인사들을 10여 년 가까이 지도하면서 직장인들의 공통적인 애로사항을 피부로 느꼈다. 그들은 치열한 경쟁에서 살아남기 위해, 생존을 위해 물러설 수 없는 현실에 놓여 있다. 잦은 야근과 회식, 개인 R&D, 매 순간 회사의 생존을 이어가게 하기 위한 스스로의 생존적 노력은 치열하다. 게다가 가족을 위해 항상 뭔가를 해야 한다는 압박감에 숨 막혀 했다. 그러는 가운데 자신의 젊었던 건강한 몸과 왕성한 정신력은 시간이 지날수록 쉽게 지치고 피로해지고 여유를 잃어가고 있다. 이 모든 보상을 무엇으로 받아야 하는가?

고故 최종현 회장께서도 본인의 예상치 못한 중병 선고의 충격과 가장 가까운 가족의 죽음에서 느꼈던 힘든 상황을 이겨낼 수 있었던 것은 수련이었다고 본인의 자서전에서 말씀하셨다. 스포츠나 의료만으로는 사람의 마음까지 건강하게 관리하기엔 한계가 있으며 몸에만 치중하는 현재의 건강관리 패러다임을, 몸과 마음을 함께 관리하는 라이프 케어life care로 바꾼다면 수많은 사회적인 문제 해결에 긍정적인 영향을 줄 것이라며, 임종 직전까지 자필로 자서전에 남겼다.(《마음을 다스리고 몸을 움직여라》,《최종현, 그가 꿈꾼 일등국가로 가는 길》 참조)

그분이 돌아가신 지도 20년이 다 되어가는 지금 우리 사회는 심신통합이라는 의료나 다양한 심신관리에 대한 시스템을 도입하려는 노력이 이뤄지고 있다. 또한 국내 많은 기업들이 동양 수련 및 명상에 대한 관심으로 회사 내 임직원의 건강관리 등에 많은 변화를 이루고 있다. SK 그룹은 기업문화인 심기신心氣身 수련의 전통은 20년이 넘어선 노하우를 갖고 있다. 그리고 현재는 '행복'이라는 주제로 인간의 본질에 다가서려는 노력이 실질적으로 이뤄지고 있고 연구하며 뛰고 있다.

명품은 단순하고 섬세하며 편안하며 누구에게나 좋은 것으로 인정을 받는다. 다양한 수련 방법 중에서 가장 기본적이면서도 누구에게나 부작용이 없는 방법이 바로 편안한 호흡 명상이다. 호흡이 편안해야 자율신경이 안정이 되고, 긴장된 몸과 마음을 편안하게 하여 생각을 자연스럽게 안정되게 한다. 이런 방법을 반복하다 보면 멘탈은 자연스럽게 굳건해질 수 있다. 회사 내에서 수련지도를 하며 많은 임직원분들의 스트레스를 극복해가는 과정을 보아왔고 그 도움에 자연호흡도 역할을 해내고 있다.

10년 가까이 기업과 개인, 단체들에게 호흡 명상을 지도하면서 심한 스트레스, 불면증, 불안감 등 다양한 정서적 불안정 상태가 긍정적으로 호전되는 임상을 보아왔다. 많은 사람들이 누구나 할 수 있는 이 호흡 명상법을 이해하고 실천하여 잠시라도 행복해질 수 있다면, 그 행복은 결국 자신에게 돌아오리라는 것을 믿는다. 많은 분들이 좋은 이득을 얻기를 바라는 마음으로 고민하며 방법론을 과감히 이 책에 담았다.

이런 과정에서 박지명 선생님의 격려와 가르침에 깊은 감사를 드리며, 인도 고대로부터 내려오는 호흡 명상과 자연호흡을 전수받은 책임을 사회가 필요로 하는 일에 적극적으로 할 것이다.

추천사를 써주신 전前 SK아카데미 원장이시며 지금은 브랜드평판연구소 소장이신 이노종 박사님께 감사드린다. 문화의 건전한 성장에 애써주시는 물병자리 출판사 류희남 대표님과 권미경 편집장님께

이 책이 세상에 나올 수 있도록 많은 노력을 해주신 것에 깊은 감사를 드리며, 많은 사람들이 이 책을 통해 자신의 거친 호흡이 편안하길 바라며 안정된 시야와 건강한 심신으로 사회에 행복을 가꾸는 데에 도움이 되길 바란다.

이정훈

추천사

호흡과 관련된 명상법은 그 역사가 인간의 역사만큼이나 오래되었다. 그렇지만 일반인들의 관심은 생각보다 낮다고 볼 수가 있다. 호흡을 잘 다룬다는 의미와 그 중요성은 직업이 의사인 나의 입장에서 볼 때 정신과 육체를 편안하게 해줄 수 있는 가장 좋은 방법 중의 하나라고 생각한다. 이번에 히말라야명상센터 박지명 원장님과 그분의 제자 이정훈 씨가 호흡 명상에 관련된 책을 내기로 했다는 소식을 듣고 반가움과 함께 감사함을 느낀다.

박지명 원장과 나는 20여 년 전부터 현재까지 명상과 관련된 교류를 지속하고 있다. 그분의 호흡 이론과 명상 실기 및 인도 경전에 대한 해박한 지식에 대해 알고 있는 나로서는 이 책이 체계적이고도 쉽게 접근할 수 있는 최고 수준의 책이라고 생각한다.

박지명 원장은 1970년대 중반부터 현재까지 인도의 계보 있는 요가 스승 아래에서 명상법과 이론 및 실기를 터득한 분으로, 호흡을 통해 얻어지는 정신적 · 육체적 성과에 대해 그 누구보다도 잘 알고 있는 분이다. 그동안 사회와 타협하지 않고 다수의 산스크리트 인도 경전 완역본을 출판하는 등 명상과 관련하여 좋은 일을 실행하며 사신 분이다.

또한 그의 제자 이정훈 씨는 대기업에서 오랫동안 명상 관련 이론 및 실기를 가르치는 분으로, 자타가 공인하는 실력을 가지고 있다. 이번 기회를 통해 박지명 원장님과 함께 호흡 명상과 관련된 책을 발간하게 되어 명실공히 우리나라 최고 수준의 실력을 독자들에게 객관적으로 평가받을 수 있는 기회가 되었다고 생각한다.

몸과 마음의 균형이 깨어져 건강까지 해치는 상황에 이른 분들 또는 명상에 관심이 있으나 구체적 실천법을 모르는 독자님들께서 이 책을 통해 편안한 마음과 아픈 데가 없는 건강한 삶 살기의 해법을 찾기를 기원해 본다.

조왕기

(내과전문의, 국제라켓볼연맹 부회장, 아시아라켓볼연맹 회장)

필자는 SK 그룹 내에서 오랜 기간 고故 최종현 회장님을 보좌하면서 기업과 사회 그리고 사람에 대한 소통에 대해 깊은 관심을 두고 지내왔다. 그중 SK 내에 심기신 수련이라는 인간 위주의 경영원칙에 기반을 둔 기업 문화는 세계 어느 기업에서도 찾아보기 어려운 독특한 소통의 문화다. 한국은 한반도라는 지정학적 위치로 말미암아 규모가 작고 자원이 부족하여 맨손으로 생존을 일궈야 하는 척박한 환경에 있다. 그런 와중에 갖고 있는 최선의 자원은 인재이며, 지금의 한국 산업에 발판을 다진 원동력은 바로 인재 양성에 있다. 고故 최종현 회장님은 이 부분에 대해 수직적, 수평적으로 사람을 향하는 깊은 철학을 실천하셨으며 그 문화가 현재 SK 내에는 다양한 모습으로 발전하여 사회에 좋은 향기로 나눔을 실천하고 있다. 재단법인 행복날개수련원에 근무하는 이정훈 사범의 호흡명상에 대한 책도 그런 의미에서 사회에 심신의 활기를 불어넣어줄 멋진 행복나눔이 될 것이다.

우리의 삶의 터전을 유지하는 것은 끊임없는 성장을 기반으로 전력투구 내달려야 하는 것이 현실이다. 성장은 끊임없는 새로운 변화를 위한 생명의 근본일지도 모른다. 생명의 기본은 호흡이며 호흡이 깊고 안정될 때 심신의 시야가 명료할 것이다. 안정된 시야를 갖고 있다면 자신과 가족 그리고 직장 내 어떠한 상황에서도 소통이 원활하게 될 것이다.

필자 역시 지금까지 심기신 수련을 꾸준히 수련하고 있으며, 사회적으로 왕성한 활동을 위해서는 생명 활동의 근본이 되는 편안한 호흡법을 익혀서 지속적으로 수련해야 가능하다는 것을 의심하지 않는다.

이 책을 통하여 지친 삶에 활력과 패기 왕성한 모습으로 많은 사람들이 영육 간에 행복한 소통을 하길 바란다.

이노종

(언론학 박사, 전前 SK아카데미 원장, 현現 브랜드평판연구소 소장)

1장
숨을 잘 쉬어야 행복하다
: 호흡 명상 1단계-이완하기

2장

스트레스도 습관이다

: 호흡 명상 2단계-관찰하기

3장

몸과 마음을 연결하는 호흡
: 호흡 명상 3단계-자각하기

4장

호흡 명상과 함께하면 좋은 운동

5장
자연스러운 호흡의 흐름이 긍정적인 생각을 만든다

애쓰지 않아도 집중하는 삶을 선물받다

_심리상담사 O씨

호흡 명상을 만나기 전의 나는 불필요한 많은 생각들, 끊임없는 불안과 두려움으로 내 삶은 언제 깨질지 모르는 유리와 같았습니다. 호흡 명상을 꾸준히 하고난 뒤부터 나는 애쓰지 않아도 집중할 수 있었고, 자연스레 불필요한 생각들이 줄어들기 시작하였습니다. 이로 인해 과거의 일들을 후회하지 않고, 현재를 있는 그대로 받아들이고, 미래의 불안전함을 두려워하지 않는 나를 조금씩 느끼게 되었어요. 이로써 내 삶의 뿌리가 땅속에 내려지는 것을 느끼며 내 삶의 축을 천천히 세워가기 시작하였습니다.

또한 내담자를 상담함에 있어 상대의 감정에 깊이 빠지지 않고, 있는 그대로의 내담자를 바라보며 도와줄 수 있게 되었습니다. 내 삶에 긍정적인 에너지가 감돌고 공간 사이사이 여유가 생김으로 인해 삶이 한층 업그레이드된 것에 감사함을 느낍니다.

자신을 변화시키는 좋은 도구

_미술치료사 M씨

다른 사람들을 미술치료로 치유하면서 항상 내 자신의 상태는 어떠한가를 되짚어보기도 하였습니다. 그런데 호흡 명상은 그러한 내 자신을 변화시켜주는 훌륭한 도구라는 것을 명상을 실천하는 시간이 지날수록 점점 더 깨닫기 시작하였어요. 어떠한 특별한 요구도 없이 내 자신에게 얼마의 시간을 투자한다는 것이 얼마나 중요한 것인지를 알기 시작했습니다. 호흡 명상은 자신을 변화시키는 좋은 도구입니다.

호흡이 안정되면 세상이 새롭게 바뀐다

_회사원 S씨

수많은 정신적인 방황을 하였으며 여러 수행방법을 다 찾아보았으나, 결국은 자신의 마음이 안정되지 않으면 안 된다는 생각이 듭니다. 호흡 명상을 통해 자신의 숨과 생각이 안정되면 세상이 새롭게 바뀐다는 아주 단순한 진리를 깨닫게 되었으며, 그러기까지는 긴 시간이 걸리지 않는다는 놀라운 사실도 발견하였습니다.

놀이하듯 하는 호흡 명상

_취업준비생 K씨

만약 호흡 명상의 방법이 어렵고 번거롭거나 했으면 하다가 그만두었을 것입니다. 평소처럼 숨 쉬듯이 재미있는 놀이를 하듯이 했던 이 명상이 내 스스로가 만족스러운 나로 변화시켜 주었습니다. 호흡 명상에 감사해야겠지요. 일상과 함께 진행되는 이 명상이 같이 존재한다는 것이 기쁩니다.

공부의 스트레스에서 벗어나게 해주다

_고등학교 3학년 L군

호흡 명상을 하고나서부터 마음도 편안해지고 괴로운 시험의 연속도 친밀해진 느낌입니다. 명상 후에 학교의 성적도 좋고 나가야 할 방향에 대해 보다 분명해진 모습을 보고 기분이 좋습니다. 잠시 공부하다가 틈을 내어서 하는 호흡 명상이 공부의 스트레스로부터 잠시 나를 벗어나게 해주는 느낌입니다.

불면증과 두통이 사라지다

_회사원 L씨

만성두통과 오랜 변비, 집중력 저하, 불면증 등 모든 병이 나에게로 와서 머무는 듯한 느낌에 시달렸습니다. 호흡 명상과 요가 운동을 통해서 내 자신의 몸과 마음이 서서히 치유되는 느낌이더니 몇 개월이 지나자 변비와 불면증과 두통이 사라졌습니다. 고통이 심할 때는 온 생각이 그 괴로움의 연속이었는데, 마치 구름이 걷히고 난 다음날 하늘처럼 맑아지는 것이 신기합니다. 몸과 마음이 건강하다는 것이 축복인지를 안다는 것도 소중하다는 것을 알았습니다.

한 주간의 지치고 굳은 몸을 이끌고 왔는데, 명상을 처음 시작할 때보다 몸과 마음이 많이 개운해졌습니다. 수련하면서 호흡 명상의 깊이를 느낄 수 있었습니다. 개인적으로 요가는 해왔지만 명상을 한 경험이 다소 적은데 오늘 호흡 명상 수련을 제대로 경험했던 것 같네요. 이렇게 좋은 명상 수업을 만나 기쁩니다.

_대전 SK네트웍스 C사원

직장 생활과 육아로 정신적, 육체적으로 힘든 시기를 보내고 있었고, 무엇인가 힐링이 필요했습니다. 심리적으로 스트레스를 많이 받다보니 뒷목, 어깨 부분의 통증이 지속되었습니다. 또한 잦은 음주 및 흡연으로 혈액순환 장애 및 컨디션 저하를 느끼고 있었습니다. 운동과 호흡 명상을 하고 나니 기본적으로 몸이 개운하다는 느낌과 정신적으로 안정감을 찾은 느낌입니다. 스트레스 해소의 방법으로 그동안 음주가무에 젖어 있었던 자신을 반성하는 계기가 되었습니다. 육체적으로 좋은 계기가 된 것 같습니다. 향후 지속적인 교육이 되었으면 합니다. 감사합니다.

_SK네트웍스 S과장

집중과정 수련 후 몸이 훨씬 가벼워지고 정신도 맑아지는 기분을 느꼈습니다. 혈액순환이 개선된 덕분인지 피부도 훨씬 좋아진 것 같습니다. 시간과 여건이 가능하다면 계속 호흡 명상을 하였으면 좋겠습니다.

_SK네트웍스 H상무

회사 사옥에 있는 센터에서 호흡 명상 수련을 시행해서 좋은 시간을 가졌습니다. 명상 시간은 평소에 느끼지 못했던 기분을 느끼게 해주었던 것 같습니다. 평소에 시간을 내서 명상을 했으면 좋겠는데 쉽게 익숙해지지 않고 있습니다. 하루 10분 정도라도 명상을 하는 시간을 가지려 합니다.

_SK네트웍스 S부장

작년 겨울 이후 소화도 잘 안 되고 헛배도 부르고 허리와 목 디스크 통증이 심해지면서 시작한 호흡 명상 수련을 통해 통증도 많이 가라앉아 이제는 의식하지 않고 생활할 정도가 되었습니다. 정말 장족의 발전을 이룬 거죠. 게다가 얼마 전 병원에서 5년 만에 엑스레이를 찍어보니 허리와 목의 디스크가 없어졌어요. 저도 놀라고 의사 선생님도 꾸준히 운동한 결과인 것 같다고 하시더군요. 우울한 기분이 드는 경우도 많이 줄고, 화가 날 만한 일에도 평정심을 유지하는 제 자신이 새롭게 느껴졌어요.

_SK텔레콤 Y매니저

1

숨을 잘 쉬어야 행복하다
: 호흡 명상 1단계-이완하기

호흡이 움직이면 마음도 따라 움직인다.
호흡이 움직이지 않으면 마음도 움직이지 않는다.
수행자는 부동심에 도달해야 하는데
그러기 위해서는 호흡의 움직임을 통제해야 한다.

《하타요가 프라디피카 2장 2절》

스트레스 밀도가 높은 상태에서는 호흡이 부자연스럽다

아침 출근길을 떠올려보자. 빠르게 지나가는 거리의 자동차, 만원버스, 콩나물시루 같은 지하철의 압박은 가히 전쟁터와 같다. 핸드폰, 컴퓨터 등은 빠른 커뮤니티 속으로 우리의 생활 패턴을 밀어넣는다.

몸과 마음은 과연 이 복잡하고 빠른 속도감과 좁은 밀도의 공간 안에서 잘 버티고 있는 걸까? 몸은 서서히 지치고 짜증과 더불어 스트레스 지수는 올라가기 시작한다. 불안과 불만이 조금씩 쌓이고 떠오르는 생각과 내뱉는 말들이 점점 거칠어져 있다.

현대사회가 편리한 문화를 우리에게 제공하지만 사실 우리는 점점 더 긴장을 늦추기가 어려워지고 있다. 스트레스가 특정한 병은 아니지만, 이 스트레스는 심장에 긴장을 주고 신경을 날카롭게 하고 위장 기능을 예민하게 한다. 또한 신체 내 호르몬도 마찬가지로 긴장 모드에 있게 된다.

이러한 삶의 반복 속에서 몸의 기능은 현저히 떨어지기 시작한다. 소화기능이 떨어지고 배변기능이 떨어지며, 신경계통으로 인한 심리적 불안정과 불면증 등으로 인한 세포의 변이를 통해 암이라는 문제를 일으킬 수 있다고 의학계에선 말하고 있다.

하버드 대학교 내과의사인 허버트 벤슨Herbert Benson은 고혈압과 혈압에 문제가 있는 사람들에게 약물치료가 한계에 부딪치자 '이완 반응'이라는 방법을 통해 적극적으로 문제를 해소한 것에 대해 임상 결과를 발표했다.

이완 반응이 명상을 통해서라지만 정확히 말하자면, 명상의 기술인 호흡을 통해 몸의 긴장을 해소하고 거친 호흡을 자연스럽게 하는 과정에서 혈압이 안정이 되고 심장이 느려지고 신진대사도 느려지는 것이다.

자연스러운 호흡이 무엇인지 우리는 인지하지 못한다. 항상 호흡을 하고 있기 때문에 자연스럽다고 생각한다. 하지만, 피곤하고 지친 상태에서 혹은 스트레스 밀도가 높은 상태에서 자신의 호흡을 보기 위해 편안한 자세를 취하고 눈을 감고 잠시 있어보자. 호흡이 답답해지고 몸이 뻐근하게 느껴지기는 등 다양한 긴장 상태를 느끼게 된다. 눈을 감고 가만히 있어서 오는 현상이라 생각하지만, 모든 일을 내려놓은 지금 자신의 상태를 보고 있는 셈이다.

호흡과 정신은 밀접하게 연관되어 있다. 마음이 불안하거나 안정이 되지 않으면 호흡이 거칠어지고 몸의 모든 부분들이 활성화된다. 뇌의 기능과 심장의 기능이 활성화되면서 외부 스트레스에 직접 노출되어, 장기에 부정적인 영향을 주는 것이다. 모든 질병의 절반 이상이 바로 심리적인 불안정에서 오는 스트레스 때문이다.

정신적인 불안에서 오는 상황은 심장이 두근거리고 손에 땀이 나고 두통이 일어나거나 생각이 많아지게 만든다. 그 징후가 가장 먼저 일어나는 것이 호흡이다. 마음의 상황을 먼저 알 수 있는 바로미터가 호흡이며, 마음의 표현이 바로 뇌파다. 호흡은 잠을 자거나 이완되어 있을 때 느려진다. 그리고 마음이 편안하고 안정되어 있을 때 호흡은 천천히 움직인다.

호흡 명상은 육체와 호흡과 정신, 이 세 가지를 동시에 좋아지게 하는 효과가 있다. 몸-호흡-정신, 이 세 가지가 동시에 진행되는 상호보완작용과 효과를 통하여 호흡 명상은 진행된다.

인도 고대의 경전인 《함사 우파니샤드Hamsa Upanishad》에서는 호흡을 할 때 '함-사' 또는 '소-함'의 소리가 내면으로 파고 들어가는 쐐기와 같다고 하였다. 또한 21,600번의 낮과 밤의 호흡은 진정한 자신을 발견하게 하는 도구라고도 하였다. '함'은 날숨의 소리인데 '나'라는 뜻이며, '소'라는 것은 들숨의 소리이며 '근원 또는 절대'를 말하는 것이다. 즉 "나는 근원이며 절대다"라는 뜻이다.

명상이 절실한 사회

현대 사회는 빠른 속도로 달려가고 있다. 그러한 사회 구조는 우리의 마음을 점점 쉼 없는 상태로 만들어가고 있으며, 자신이 존재한다는 것조차 인식하지 못한 채 살아가도록 하고 있다.

미국이나 일본은 오래 전부터 사회가 조직화되어 바쁘게 살지 않으면 생활하기 힘든 구조로 되어 버렸고, 사람들은 그런 구조에 체질화되어 있다. 우리나라도 서울은 이미 그러한 조직사회로 접어들었으며, 지방의 도시들이나 농촌들까지도 서서히 그러한 구조로 되어가고 있다. 고속전철이나 도로망, 그리고 초고속 인터넷과 위성방송통신 등은 사람들을 느긋하게 놔두지 않는다. 수많은 정보와 빠른 물류 교환들로 인해 사람들의 마음은 점점 더 급해져가고 있다.

필자 또한 고속화되고 정보화된 도시 생활을 하다가 반나절 동안 비행기를 타고 인도 땅에 닿아, 인도에서도 모든 정보와 물류가 차단된 오지로 들어가면 갑자기 텅 빈 고요함을 느낀다.

시시각각으로 범람하는 엄청난 정보와 우리의 마음을 극도로 복잡하게 하는 뇌파의 흐름에서 벗어나 자신에게 고요한 시간을 가질 수 있게 한다면 그것은 대단히 매력적인 일이 될 것이다. 불교의 선방이 있는 산사나 천주교에서 명상을 하려고 만든 수도원들을 가보면 세상에서 벗어난 듯한 고요한 힘을 잠시라도 느낄 수 있다.

서구에서는 빠른 움직임에서 느리게 살기를 모토로 크고 작은 많은 단체들이 생겨나고 있는데, 그것은 다름 아닌 명상을 배경으로 일어나고 있다. 빠름에서 느림으로 전환할 수 있는 가장 근본적인 방식이 바로 명상의 법칙이다.

모든 행동은 생각으로부터 일어나며, 그 생각은 원천적으로 마음의 고요한 상태에서 일어나는 것이다. 바다의 표면은 언제나 출렁거리지만 바닷속 깊이 들어가면 갈수록 물결의 움직임은 고요하게 흐르는 것처럼 말이다. 명상을 통하여 자신을 훈련하게 되면 일상의 거친 상태에서도 자신의 마음이 잔잔하고 고요하게 유지될 수 있는데, 그것이 바로 명상의 힘이라 말할 수 있다.

라자 요가의 수행법이나 불교의 위빠사나Vipassana 수행법은 모든 행동, 말, 생각을 관조하게 하는 방법의 원조격인데, 많은 수행단체들이 이것과 유사한 방식으로 명상을 실천하고 있다. 이러한 방식들은 궁극적으로 인도의 경전《요가 수트라Yoga Sutra》에서 나오는 "지켜보는 나 자신이 사라지는" 초월적인 원칙에 도달하기 위한 것이다.

명상은 몸과 마음의 양면을 동시에 발전시킬 수 있는 가장 자연스러운 방식이다. 명상을 집단적으로 실천하여 긍정적인 변화를 도모함으로써 사회적인 의식을 변화시킨다는 몇몇 명상 단체들의 보고서들은 실제로 가능한 일이다.

개인의 의식이 모인 집단이 동시에 명상을 함께 실천함으로써 사회의식에 영향을 주어 사회의 부정적인 의식의 흐름을 바꾼다는 것은 명상의 고전인《베다Veda》경전에서도 "개인의식이 같이 모여 순수해지면 집단의식이 동시에 발전된다"라는 말로 전하고 있다.

요즘 사회가 스트레스로 인하여 더욱 부정적인 감정으로 치달을 때, 여러 단체나 사회에서 집단적으로 사람들에게 휴식을 주고 고요한 마음을 가지게 한다면 우리 사회는 더욱 창조적으로 발전할 수 있을 것이다.

명상이라고 하는 것은 명상을 실천하는 동안 사고하고 사색하는 것이 아니며 백일몽을 꾸거나 환상에 젖는 것도 아니다. 명상은 어떤 특이한 체험을 형성하는 과정이 아니다. 그러한 것은 마음의 고요한 상태로 가기 위한 주관적인 현상이다. 일반적으로 깨어있는 일상적인 활동 상태와는 다른 마음의 과정이 완전히 휴식을 취하면서도, 의식은 보다 각성된 상태라고 생각하면 좋을 것이다.

명상은 내면적으로 섬세하고 정확한 접근방식을 요구한다. 그것은 몸과 호흡과 마음의 다양한 수준을 이해하며 집중시켜 나가는 단순하지만 섬세한 기법이다. 자연스러워야 하며 체계적인 시스템을 통하여 내면적으로 몰입해 들어가야만 한다. 그렇지 않으면 일상에서 명상을 꾸준히 규칙적으로 할 수 있는 힘과 매력을 잃게 된다. 내면으로 몰입되면서 시간이 무르익으면 긍정적인 결과를 발견하고 생활을 즐길 수 있다.

호흡 명상이 생활에 주는 효과

호흡 명상은 평상시에 언제든지 실천할 수 있으며 생활 속에서도 실천할 수 있는 장점이 있다. 다양한 호흡법들은 호흡의 관조와 함께 생활 속에서 실천하는 방법들이 많다. 이러한 방법들이 인간의 몸과 마음에 활기를 불어넣어주고 마음을 안정시킨다면 그것은 좋은 방법인 것이다.

호흡 명상을 생활화함으로써 평상시의 호흡이 길어지고 마음이 안정된다면, 생활에서 훨씬 안정적인 흐름으로 살아갈 수가 있다. 무엇보다 삶의 모든 패턴의 중심이 되는 생각이 안정된다. 그렇게 될 때 바라보는 사물이 보다 긍정적인 방향으로 보여지고 느껴지고 행동하게 되는 것이다.

실제로 명상을 하는 동안 육체적으로는 심장 박동수는 느려지고 혈압은 낮아짐으로써 몸이 편안하게 안정되어 스트레스로부터 빨리 회복되게 하며, 알파파가 증가되고 좌우반구의 뇌파가 조화롭게 동조하여 창조성과 긍정적인 생각을 자아낸다. 또한 콜레스테롤 수치가 감소되고, 근육은 이완되며, 긴장의 강도가 줄어들고, 호흡은 깊어진다.

심리적으로는 마음이 고요히 안정됨에 따라, 기억력, 집중력, 인내력이 증가되며, 창조성과 자아성취도가 높아지고, 감각의 명료성이 증가되며, 긴장과 예민함이 사라지게 된다. 그 외에도 담배, 술, 마약 등의 중독에 대한 심신의학적인 치료효과가 있으며, 자아성취도가 높아지며, 학업성적이 향상되고, 우울증, 강박증, 불면증이 해소되는 효과를 준다.

인도의 고대 경전《브리하드아란야카 우파니샤드Brhadaranyaka Upanisad》에 "어둠으로부터 빛으로 이끌어 주소서"라는 말이 있다. 이것은 생각의 한정되고 제한된 영역에서 벗어나 삶의 새로운 국면으로 살게 하는 방법론이 고대로부터 내려오고 있다는 것을 보여주는 것이다.

우리는 자신의 내면과 외부 사람들과의 관계에서 영향을 주고받으며 살고 있다. 이러한 관계의 영향 속에서 집이나 직장 등 활동 영역에서 스트레스나 긴장 또한 주고받으면서 살고 있다.

단순히 호흡을 어떻게 한다고 자신의 생활이 달라질까라는 의문을 가질지도 모르겠다. 그러나 필자가 주장하는 그 배경은 단순하다. 그것은 호흡과 모든 생각과 행동이 서로 밀접하게 연관되어 있기 때문에 가능한 것이다.

평상시 느긋하고 안정된 사람들은 호흡과 행위의 속도가 느리다. 몸과 마음이 릴렉스되어 편안한 상태에서 생각하고 움직이고 활동하는 것이다. 그렇다고 반응속도나 행위의 민첩성이 느리다는 것은 아니다. 다만 안정된 상태에서 움직인다는 것이다.

느리게 살려고 하는 많은 방법들이 실패하는 것은 그것이 인위적이기 때문이기도 하지만, 본질적으로 몸과 마음을 동시에 안정시켜 주는 방법을 쓰지 않기 때문이다. 몸, 호흡, 마음이 동시에 자연스럽고 편안하게 안정된다면, 삶의 패턴이 자신도 모르는 사이에 달라질 것이다.

마음이 편안해지면 몸도 편해지고 호흡도 안정되고, 마찬가지로 몸과 호흡이 안정되면 마음도 보다 편해진다. 이러한 요소들을 동시에 끌고 갈 수 있는 방법이 바로 인간이 태어나면서부터 가지고 있던 호흡-마음-몸의 밀접한 연관성이다. 호흡 명상을 하면서 몸, 호흡, 마음 이 세 가지 요소가 분리되어 있지 않다는 것을 알게 될 것이다.

호흡이 달라짐으로써 세상을 보는 눈이 달라진다. 명상이란 거창한 단어가 마치 철학적이고 종교적이라서 사람들은 기피하게 된다. 단순히 호흡을 조절함으로써 우리의 생각과 행동과 삶이 바뀐다면 이것은 정말 귀한 지혜라고 말할 수가 있다.

호흡은 우리가 살아 있다는 가장 중요한 상징이다. 명상을 시작함으로 인해 호흡의 양은 정말 감소된다. 숨을 덜 쉬면서 마음의 움직임도 동시에 달라지기 때문에 호흡이란 다시 한 번 강조하지만 몸과 마음을 동시에 움직이는 중요한 도구다.

사람들은 호흡이 부드러워지면 마음이 편안해짐을 안다. 우리는 세상을 살면서 거칠고 빠른 호흡에 맞춰 살아왔다. 그렇기 때문에 인위적으로 통제하려고 하여 호흡 통제에 대한 두려움을 갖는다. 호흡 명상은 마음을 고요하게 하여 자신의 생활을 업그레이드 시킬 수 있는 능력을 가져다준다.

레슨 1

자신의 긴장된 몸 체크하기

우리의 생명선인 호흡을 관조하는 여러 방법들은 눈을 감은 채 들이쉬고 내쉬는 호흡을 인식한다. 처음은 인식이 되어도 좋고 되지 않아도 상관이 없다. 계속해서 호흡이 진행되는 것을 지켜보다 보면 몸이나 생각이나 감각이 자연스럽게 호흡만을 관조하는데 무리가 없을 것이다.

자신의 호흡이 편안한지 불편한지 일상생활 속에서 전혀 의식하지 못하고 살아간다. 잠시 눈을 감고 호흡이 드나드는 것을 가만히 지켜보고 있으면 자신의 호흡 상태를 확연하게 알 수 있다. 자신도 몰랐던 긴장된 몸의 상태와 수없이 지나가는 생각, 그리고 거친 자신의 호흡은 일상에 습관적으로 베어 있는 자신의 모습을 보여준다.

1단계 편안하게 두 다리를 어깨 넓이로 벌린 후 눈을 감아본다. 두 발로 서 있는 자신의 상태가 편안한지 본다. 시간이 지날수록 앞뒤와 좌우로 자신의 의도와 다르게 몸이 흔들리기 시작한다.

2단계 종아리와 허벅지의 느낌, 허리에 힘이 들어가 있거나, 배를 내밀고 있거나 어깨의 긴장 등 자신의 상태에 따라, 일상에서 느끼지 못한 몸의 균형감을 느껴본다.

이런 상태에서 호흡의 속도와 긴장의 상태도 달라진다. 눕거나, 앉거나, 서거나, 뛰거나 하는 몸의 움직임과 호흡은 같은 리듬을 갖고 드나드는 것이다. 몸의 안정은 호흡의 안정과 밀접한 관계를 이룬다.

레슨 2
자신의 호흡 인지하기

생각이 많이 떠오르거나 여러 가지 몸의 상태가 인지되었다면, 이제 호흡을 인지하는 것이 중요하다. 누워서 해도 상관없으며, 의자에 앉아서 해도 좋고, 다리를 펴서 앉거나 양반다리로 좌정을 해서 하여도 상관은 없다.

우리의 몸과 호흡기관이 일단 순조롭게 돌아가는지를 확인하는 것이며, 몸과 마음은 호흡이 폐와 코를 통하여 들어오고 나가는 것을 확인하는 것이다. 이때 중요한 것은 억지로 하거나 호흡을 몸의 특정 부위에 집중하지 않는 것이 중요하다.

1단계 서거나, 앉거나, 누워서 자신의 머리에서 발끝까지 몸이 편안한지 자각한다. 불편한 곳이 있다면 몸이 편안할 수 있는 자세를 천천히 잡아본다. 몸이 편안함을 유지함으로써 호흡은 자연스러워진다.

2단계 이제 호흡을 천천히 쉬고 내쉬면서 호흡이 들어오고 나가는 것을 자각한다. 눈을 뜨고 하거나 감고 해도 관계없으나, 눈을 감고 하는 것이 훨씬 더 집중이 잘 된다.

천천히 숨을 내쉬고 들이쉬면서 호흡이 들어오고 나가는지를 잘 살펴본다. 코가 막혀 있지 않은지 입으로 숨을 쉬는지도 확인해본다. 앉아서 해도 되고 누워서 해도 된다. 다만 숨만 들어오고 나가는지를 잘 살펴보는 것이 중요하다.

레슨 3
편한 자세로 심호흡하기

앉은 자세나 누운 자세에서 심호흡을 해본다. 10~20회 정도 하면서 호흡이 조금씩 편안해진다면 이젠 호흡을 가늘고 길게 심호흡을 늘려본다. 10~20회 혹은 10여 분 정도 여유를 갖고 해도 좋다.

심호흡하는 시간이 길어지기 시작하면서 긴장이 온다면 잠시 멈추고 쉬었다가 다시 시작한다. 심호흡을 하는 동안 졸거나 나른해진다면 멈춰도 좋다. 이제 다시 자연스럽게 자세를 취하고 편안하게 호흡을 관찰한다.

레슨 3 편한 자세로 심호흡하기

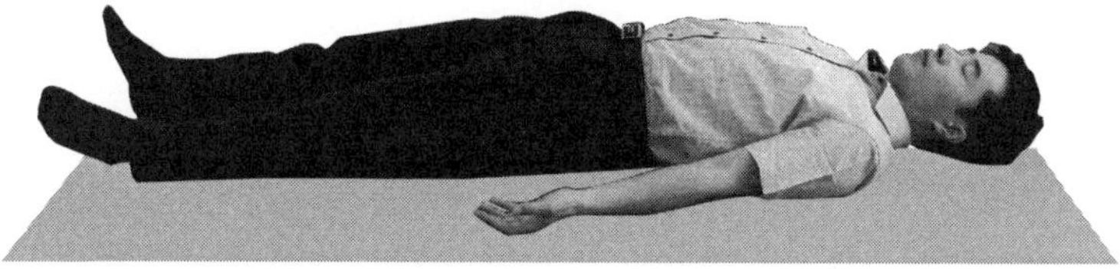

1 앉거나 누운 상태에서 심호흡을 10~20회 한다.
2 호흡이 편안해지면 호흡을 점점 가늘고 길게 편안하게 한다. 자신에게 편안하게 할 수 있는 횟수나 시간을 두고 한다. 약 10~20회 혹은 10여 분 정도가 적당하다.
3 호흡을 가만히 내버려둔 상태에서 편안하게 있는다.
4 자신이 들이쉬고 내쉬는 호흡 소리를 편안하게 떠올려 본다(10분 이상).
5 호흡이 끝나면 잠시 쉬어준다.

레슨 4
몸을 활동적으로 쓰는 사람의 경우 - PT체조

활동적으로 몸을 쓰는 것을 선호하는 사람들이라면 처음엔 호흡 명상에 답답함을 호소하기도 한다. 그럴 때는 가벼운 PT체조나 기지개를 10회 이상 펴면서 가벼운 스트레칭을 먼저 해줄 것을 권한다. 하지만 공간이 여유롭지 않거나 주변에 눈이 있어 불편하다면, 심호흡 시간을 길게 갖기를 권한다.

대개 활동적으로 몸을 쓰는 것을 원하는 이유 중의 하나가 몸의 긴장이 쉽게 풀리지 않거나, 습관적으로 몸을 강하게 움직이는데 길들여져 있기 때문이다. 그러므로 상반된 방법의 무언가를 할 때 상대적으로 답답하게 느낄 수 있다.

레슨 4 몸을 활동적으로 쓰는 사람의 경우 – PT체조

호흡과 무관하게 PT체조를 10회 정도 한다.

레슨 5
호흡과 함께 기지개 펴기

이 방법은 긴장된 몸을 전체적으로 확장해주는 효과와 몸을 가볍게 해주는 효과가 있다. 자세가 좋지 않은 사람에게 척추를 비롯하여 몸 전체를 펴주는 효과가 있으며 깊은 호흡으로 쉽게 편안해지는 심신의 효과로 편안하게 명상을 시작할 수 있다.

레슨 5 호흡과 함께 기지개 펴기

1 호흡을 들이마시면서 기지개를 편다.

2 내쉬는 호흡에 긴장을 풀며 팔을 내린다.

3 10회 정도 반복한다.

호흡 명상의 역사적 자료

필자가 기억하는 한 인도의 요가 수행자는 그의 나이가 90세가 넘었는데도 히말라야의 자그마한 동굴에서 홀로 생활했다. 그런데 그의 도구는 자그마한 담요 한 장과 물병 하나와 차 끓이는 작은 주전자가 전부였다. 많은 나이에도 추위와 고독함, 그리고 음식의 불균형에서 오는 요인을 넘어 정정하고 편안한 상태로 생활하고 있었다. 그것은 그의 고도로 훈련된 몸과 마음이 자연과 하나된 것에서 기인한 것이 아닐까 생각한다.

우리의 몸과 마음의 긴장과 스트레스를 가장 경제적으로 해소하고 보다 자연적인 삶으로 돌아갈 수 있게 하는 방법은 무엇일까? 그것은 스스로 자신에게 맞는 방법을 택해, 체계적이고 규칙적으로 몸을 움직여주는 운동을 하고 그와 더불어 정신 건강을 위해 명상을 하는 것이다.

전문가에게나 누구에게 배울 필요 없이 가장 쉬운 방법은, 편안하게 앉아서 잠을 자는 것처럼 눈을 감고 10분 정도 가만히 있는 훈련을 하는 것이다. 스스로 눈을 감고 정좌로 앉아서 자신의 몸과 마음을 지켜본다는 것이 얼마나 자신에게 중요한 시간인지를 파악하기까지는 어느 정도의 훈련이 필요할 것이다. 이런 식으로 우리는 자신의 몸과 마음을 만나며 스스로 자신을 길들여 나가는 것이다.

자신의 몸이 어떤 상태인가를 아는 것이 중요한데, 몇 가지 동작을 해보면 척추와 근육이 얼마나 유연하지 않는지를 느낄 수 있다. 그리고 눈을 감고 앉아 있을 때 얼마나 많은 생각들이 자신을 지배하는지도 알게 될 것이다.

만약 호흡 명상을 실천하는데 조금이라도 그 호흡을 자연스럽게 집중을 해서 수련한다면, 우리의 몸과 마음은 즉시 상호반응을 하여 영향을 받게 된다. 몸과 호흡과 마음은 아주 밀접하게 연결되어 있기 때문이다.

호흡을 가지고 하는 방법들 중에 불교의 수행 방법, 도교의 방법, 선도의 여러 방법, 또는 현대에 개발된 여러 방법들 중에서 호흡에 인위적인 집중을 하는 방법들은 초보자들에게는 좋은 지도자의 지도를 받지 않는다면 힘들거나 부작용이 날 수가 있다. 거기다 몸과 에너지의 중심인 단전이나 차크라chakra나 주천周遷에 집중을 한다면 좋은 호흡 명상을 하려다 잘못해서 부작용에 시달릴 수가 있다.

일반적으로 호흡을 하면 살아 있는 것이라고 단정하고 호흡이 끊어지면 죽은 것이라고 한다. 인간이 존재하면서부터 숨을 쉬면서 생존하였고, 사고하고 철학적인 존재를 분석하기 시작한 것도 숨을 쉬고 생존하고 난 뒤의 일이다. 이 숨은 몸과 마음의 중간 역할로써 계속 존재하여 왔으며, 그래서 중요한 삶의 수단이다.

호흡 명상에 대한 첫 번째 경전이 바로 산스크리트어로 구성된《베다》와《우파니샤드Upanishad》와 요가에 관한 여러 경전이며, 그 다음이 불교의 경전과 자이나교 경전이며, 중국의 도교와 유교의 경전이며 기독교와 이슬람 경전들이다.

종교나 수행단체에서는 이미 오래 전부터 호흡에 대해 말해왔다. 고대로부터 전해 내려오는 호흡 명상에 관한 문헌도 많다. 호흡과 대기의 우주 에너지를 말하는 프라나prana에 대하여《우파니샤드》에는 "참나로부터 호흡은 태어났다. 인간의 몸에 그림자가 같이 붙어 있는 것처럼, 호흡은 그렇게 펴져 있다. 그리고 마음의 행위에 의해 몸에 들어오나니"라고 하였다. 고대의 탄트라 경전인《비그야나 바이라바 탄트라Vigyana Bhairava Tantra》에서는 "숨을 내쉴 때는 '하' 하는 소리로, 들이쉴 때는 다시 '사' 하는 소리로 호흡하라. 개인적으로 이 특별한 소리인 만트라 함사를 항상 반복하라"고 하였다.

그리고 테라바다 불교의 수행서인《아나파나사티수타anapanasati sutta》인《안반수의경安般守意經》에서는 "호흡이 미세한 것이 도道이니라"

라고 하였으며 테라바다 불교의 다른 경전인 《마하사티파다 수타 Mahasatipatthana sutta》인 《대념처경大念處經》에서 "마음을 챙겨 숨을 들이쉬고 마음을 챙겨 숨을 내쉰다. 길게 들이쉬면서 '길게 들이쉰다'는 것을 꿰뚫어 알고, 길게 내쉬면서 '길게 내쉰다'는 것을 꿰뚫어 안다. 짧게 들이쉬면서 '짧게 들이쉰다'는 것을 꿰뚫어 알고, 짧게 내쉬면서 '짧게 내쉰다'는 것을 꿰뚫어 안다"라고 하였다.

《주역참동계周易參同契》에서 "호흡을 가다듬고 마음을 기르고 지혜를 머금고 세 가지를 통하게 된다含情養神通德三元"라고 하였으며, 불교와 도교를 잘 결합한 《혜명경慧命經》은 "거친 호흡을 거두어 잡아서 돌아간 다음 향기롭게 태우고 불린다當用武火收攝而歸"라고 하였으며 우리나라의 수행서인 《용호비결龍虎祕訣》에서는 "숨을 천천히 들이쉰 다음 서서히 내쉬며 신기神氣를 배꼽 아래 일촌삼분一寸三分에 집중시켜 항상 머무르게 한다入息綿綿 出息微微 常使神氣 相住於臍下一寸三分之中"라고 하였다.

호흡에 대해 가장 오래된 경전인 《비그야나 바이라바 탄트라》의 경전에는 호흡 명상에 대해 "들이쉬고 내쉬는 호흡 소리에 대해 생각하라"고 하였다. 수많은 호흡 명상 방법은 그것이 어떤 방법이든지 "인위적이지 않게 천천히 호흡을 하게 하여 마음을 가라앉혀 안정시키고 몸을 깊이 쉬게 하는 방법"이라야만 정확하며 안전한 방법이 되는 것이다.

호흡 명상은 종교와 국적과 관계없이 다양하게 발전해왔다. 호흡은 몸과 마음의 관계로부터 인식된 방법이기 때문에 인간의 존재를 인식하려는 인간의 본성과도 연결되어 있다. 그러기 때문에 인간의 존재를 자각하려는 의지와도 밀접하게 연결되어 있다. 호흡 명상은 자신의 존재를 자각하는 방법이다. 그래서 호흡 명상은 자신의 자연스러움을 유지해야 한다는 것이 중요하다.

호흡 수련자들 중에 호흡에 집중하거나 몸과 호흡에 집중하거나 이미지나 상상에 집중하다가 실패를 하는 경우가 있는데, 그것은 바람직한 방법이 아니다. 고대 경전에서 말하기를 호흡 명상은 마치 코끼리가 걸어가듯 자연스럽고 안전하게 천천히 해나가는 것이 중요한 것이다. 호흡 명상은 자연스럽게 숨을 쉬게 하는 명상이며 방법이다.

호흡과 자세

호흡 명상의 자세는 따로 어떠한 자세를 취하지 않아도 언제나 호흡 소리를 생각할 수 있으면 어떤 자세에서든 실천할 수 있다. 걸을 때나 서 있거나 누워 있거나 어떤 자세든 실천할 수 있지만, 처음에는 앉아서 하는 방법이 가장 잘할 수 있을 것이다.

편한 자세로 앉아 호흡을 들이쉬고 내쉬면서 호흡을 실천하다가 그 다음에 자연스런 호흡 소리를 생각하면서 실천한다.

앉아서 하는 호흡

편안히 앉아서 척추를 바로 세우고, 양쪽 다리는 틀어서 왼발이나 오른발이 올라오게 하여 완전히 연꽃 모양으로 한다. 이때 발바닥은 가능하면 위로 올라오게 하는 것이 좋다.

연꽃 자세

그 외에도 앉는 자세는 여러 가지가 있는데, 한쪽 다리만을 무릎 위에 올린다든지, 한쪽 무릎 안으로 반대쪽 발가락을 깊이 넣고 반대쪽 발가락을 다시 반대쪽으로 깊게 넣는 방법이 있다.

한쪽 다리 무릎 위에 올리기

아니면 편안하게 앉는 방법으로, 한쪽 다리를 접고 그 앞에 한쪽 다리를 살짝 붙이는 것이 있다. 이때 머리와 몸과 허리는 모든 앉는 자세에서 세우는 것이 중요하다.

처음 진행하는 수련자는 편안하게 해도 좋으나, 가능한 허리를 바로 세우는 것은 명상으로 몰입하기 가장 좋은 자세가 된다. 처음 진행하는 수련자들은 엉덩이에 방석을 받쳐도 좋으며, 힘이 들면 명상을 하는 과정에서 다리를 바꾸어가며 해도 좋다.

편안하게 앉기

앉는 자세 중에, 무릎을 꿇고 앉아 한쪽 엄지발가락을 위로 겹쳐서 편안하게 앉는 자세가 있다. 이때 머리와 허리는 바로 세운다. 이 자세는 장 기능과 소화기 계통 및 허리에 좋은 자세다.

무릎꿇고 앉기

그 밖에도 의자에 앉는 자세가 있다. 보통 우리가 일상생활을 할 때에는 의자에 앉아서 보내는 경우가 많다. 직장에서 업무를 보거나, 차를 운전할 때는 물론이고, 요새는 집안에서도 의자를 사용하는 일이 흔하기 때문이다. 이때에도 마찬가지로 항상 자연스럽게 척추를 바로 세워 앉는 것이 중요하다.

걸으면서 하는 호흡

서 있는 자세에서도 척추와 허리를 바로 세우는 것이 중요하다. 우리의 모든 육체의 모든 기능은 올바로 선 자세에 의해 많은 영향을 받는다. 부드러우면서도 가슴은 곧게 펴고, 머리는 바로 세우고, 시선은 가볍게 앞을 응시하고, 머리끝부터 발끝까지의 자세가 바르게 세워

졌는지 확인한다.

걷는 자세는 허리를 바로 세우고 천천히 걷는다. 모든 걸음걸이마다 발가락, 발, 다리, 무릎, 골반, 허리, 등, 어깨, 목, 머리의 몸과 호흡과 정신, 그리고 자아의 자각이 하나로 부드럽게 이어지도록 한다. 이때부터 몸에 대한 자각이 시작된다. 움직임이 없는 움직임. 마치 코끼리가 한 발 한 발 움직이듯이 힘차고 위엄 있게 움직인다.

우리가 멈춰 있을 때나 움직일 때나 동일한 자각에 의해서 그것은 진행되어야 한다. 잠자고, 꿈꾸고, 깨어있는 이 세 가지 상태는 서로 나눠진 상태로 보이지만 궁극적으로는 같은 자아의 근원에서 시작된 것이다. 마찬가지로 앉거나, 걷거나, 뛰는 자세는 각기 다른 양상을 보이지만 동일한 자각에서 이루어져야 한다.

몸이 뛰고 있을 때에도 우리는 육체와 호흡과 정신을 동시에 자각하여야 한다. 이 부드러운 자각은 몸과 마음의 균형을 잘 어우러지게 하여 우리의 삶에 활력과 생기를 준다. 각성된 상태로 뛸 수 있게 되면 몸은 자동적으로 신진대사율과 신체 기능이 조절되는데, 그것은 건강을 증진시키며 역동적인 삶을 이끈다.

누워서 하는 호흡

편안한 자세로 누운 다음, 이 우주 공간에 나 홀로 존재한다고 느낀다. 호흡을 자연스럽게 들이쉬고 내쉬면서 지금 바로 이 순간을 자각한다. 그런 다음 이마, 눈썹과 눈, 코, 뺨, 입, 턱, 목, 어깨, 팔 위쪽, 팔

아래 부위, 팔 상부, 어깨, 가슴, 심장 중심 부위, 위장, 배꼽 부위, 골반 부위, 다리 상부, 다리 하부, 발, 발가락 순으로 서서히 이완하면서 몸과 마음과 호흡과 정신을 자각해 나간다(자세한 방법은 '레슨 17' 참조).

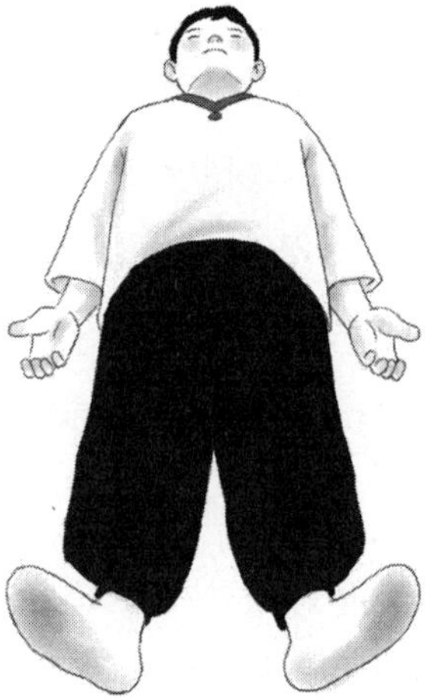

체험담

불면증에 탁월한 호흡 명상

_SK텔레콤 J매니저

5년 전부터 시작된 불면증으로 인해 정상적인 업무가 어려워 작년 봄부터 상당기간 휴직을 하게 되었습니다. 어려서부터 특별한 병은 없으나 늘 허약했고, 정신적으로 무척 예민하고 위장이 약해 소화가 어려워 영양 섭취도 불균형해서 체력적으로 힘들었습니다. 회사 업무에 대한 몰입도가 높아지면서 스트레스 조절을 못하다 보니 체력적으로 힘들고 불면증이 조금씩 시작되더니, 작년에는 상당히 심각해서 당장 죽고 싶다는 생각이 들 정도였습니다. 신경정신과 몇 군데를 방문해 수면제와 안정제를 처방 받아 복용을 하려고 했으나, 두통이 심하고 우울감이 더 심해져 복용할 수가 없었습니다.

그런 즈음에 호흡 명상 수련을 다시 접했고 열심히 수련을 하였습니다. 이제 저는 더 이상 수면에 대한 두려움은 없는 거 같습니다. 실로 기적이 아닐 수 없습니다. 여전히 새벽에 한두 번 깨기도 하지만, 작년까지만 해도 잠들지를 못해 드는 공포에 가까운 두려움은 사라졌습니다. 특히, 가장 크게 달라진 점은 머릿속이 단순해지고 정서가 차분해지고 긴장이 이완되면서 성격의 예민함도 덜해졌습니다. 앞으로도 꾸준히 호흡 명상 수련을 하면서 다른 기쁨과 의미를 가질 만한 것들에 도전하겠다는 꿈을 꾸고 있습니다.

소리의 파동이 몸과 마음에 미치는 효과 – 만트라

인도 명상들 중에서 가장 대중적으로 알려진 수행방법의 핵심 중 하나가 바로 우주의 소리인 만트라Mantra다. 만트라의 어원의 '만Man'은 마음을 의미하며 '트라tra'는 도구를 말한다. 그것은 마음을 내면으로 몰입하게 하는 도구라는 뜻이 된다. 소리는 파동을 가지고 있으며, 그 파동은 우리에게 좋은 역할을 해주는 소리와 부정적인 효과를 주는 소리, 두 가지를 지니고 있다.

예를 들어 좋은 음악이나 아름다운 자연의 소리 등은 좋은 음파를 만들어내어 사람에게 좋은 효과를 준다. 하지만 자동차 브레이크를 밟는 소리나 철판을 가는 소리 및 경적소리 등은 우리의 신경계통을 자극하여 부정적인 효과를 주는 소리들이다. 실제로 음파는 인간과 동물 및 모든 자연계에 여러 영향을 준다고 알려져 있다. 어떤 학자들은 실험에서 식물에 모차르트나 바흐 음악을 들려주었더니 다른 식물보다 더 잘 자랐다는 보고를 하기도 한다.

인도에서 이러한 만트라의 소리를 연구하여 집대성한 경전이 바로 《베다》다. 인도에서는 수천 년 전에 사람들에게 가장 좋은 파장을 주는 소리들을 골라 경전으로 집대성하였다. 그리고 그것은 개개인마다 특정한 소리를 비밀로 전수하여 가르쳐 전해 내려오고 있다. 그리고 만트라는 반드시 그것을 가르칠 수 있는 스승으로부터 전달되어야 한다.

만트라에도 두 가지 종류의 만트라가 있는데 한 가지는 순수한 소리의 만트라이며, 다른 한 가지는 뜻을 가진 만트라다. 만트라를 가르칠 수 있는 사람들을 만트리카Mantrika라고 하는데, 만트리카는 오래 숙련된 악기 연주자와 같이 세밀하게 만트라의 음의 모든 과정을 파악하여 그것을 전수한다.

일반적으로 알려진 '옴OM'이라는 만트라는 대중적으로 알려져 있지만 개인적으로 실천하였을 때 도움이 될 수는 없다. 필자는 외국에서나 우리나라에서도 명상의 초보자가 수준에 맞지 않는 책을 보고 수행하다가 명상의 길에서 실패하는 경우를 자주 보아왔다. 명상은 단계적인 경험을 바탕으로 배워가야 하는 것이다. 만일 그렇지 않으면 주관적인 생각들이 머릿속에 두서없이 입력되어 명상의 섬세한 과정으로 들어가는데 방해를 받게 된다. 그러한 것은 명상을 배우는 데 도움이 되지 않는다.

좋은 선생은 명상을 배우는 데 잘못된 정보를 미리부터 제거하고 가능하면 단순하게 내면으로 몰입하게 한다. 단순하고 자연스런 과정이 가장 빠르고 쉬운 과정이며 그것이 올바로 가는 명상의 과정인 것이다. 모든 지식체계를 배우는 데는 다 마찬가지겠지만 수많은 서적이나 풍문은 인간의 정신을 복잡하고 약하게 만든다.

좋은 스승은 초심자나 배우는 이들에게 간단명료하게 내면으로 몰입할 수 있게 하여야 한다. 그리고 그가 자신감을 가지고 명상을 계속할 수 있게 이끌어주는 것이 중요하다. 그리고 그러한 만트라를 전달하는 데 있어서 마치 대단한 권위나 종교성을 띄는 것도 원래의 가르침과는 상반되는 것이다. 그렇다고 그것을 인터넷이나 책에서 보듯이 쉽게 배우는 것은 쉽게 사라지게 되며 별로 도움이 되지 않는다. 이러한 것에 대한 권위는 당연히 오랜 기간의 전문성이 배경이 되어야만 하는 것이 사실이다.

고대의 만트라의 소리를 통한 오래된 명상법이 현대인들에게 도움을 줄 수 있다는 것은 행운이다. 세계적으로 알려진 인도의 수행자인 스리 오르빈도Sri Aurobindo는 만트라에 대해서 이렇게 말하였다.

"내면으로 향한 음악은 내면의 고요함으로 침잠해 들어간다. 그 고요함은 인간의 가장 편안한 행복을 주는 도구다."

2

스트레스도 습관이다
: 호흡 명상 2단계-관찰하기

들이쉬는 숨과 내쉬는 숨인 프라나는
곡선의 형태로 연결되어 움직이며,
신선한 에너지는 퍼져나가나니

《비그야나 바이바라 탄트라》 154절

습관화되고 중독된 스트레스

스트레스Stress는 고통을 느낀다는 것의 현대용어다. 이 스트레스가 오는 원인은 여러 가지가 있으나 근본적으로 몸과 마음의 균형이 깨졌을 때 온다. 현대인들은 다양한 것으로부터 스트레스를 받는다.

인간의 몸과 마음은 스트레스로부터 대응하는 엄청나게 예민한 신경조직을 가지고 있다. 스트레스에 대응할 만한 체계를 가지고 있지만 거기에는 한계점이 있다. 만약 그 한계점을 넘으면 몸과 마음에 여러 가지 반응이 찾아온다. 위가 아프다든지 아니면 두통, 피부발진, 등과 척추의 경직성, 불면증, 불규칙한 호흡 등이 그렇다.

심리적인 상황은 더욱 미세하고 반응속도가 느리게 오기 때문에 파악하기가 쉽지 않다. 불안이나 초조함, 긴장이나 우울증이나 강박증, 공황장애 등은 정말 파악하기가 힘들 정도로 섬세하게 우리의 마음으로부터 와서 몸에 영향을 준다.

스트레스가 오는 원인은 긴장이나 피로, 피곤함에서 오는 것이며 이러한 상황이 심해지면 몸과 마음의 균형이 깨져 여러 질병을 유발시킨다. 스트레스로부터 오는 행동적인 신호는 많다. 강하고 빨리 그리고 공격적으로 말을 한다든지, 욕을 하거나, 사람들의 말을 중단하고 대화한다든지, 필요한 이야기에 귀 기울이지 않는다든지, 논쟁을 위한 논쟁을 벌인다든지, 화를 내거나 과잉반응을 보인다든지 하는 것이다. 또한 자주 울화통이나 분노를 표출하거나 항상 들리는 외부 소리에 신경질적으로 반응한다.

스트레스를 통한 증상들은 결정을 잘 내리지 못하거나, 기억을 못하거나, 말문이 막히거나, 기억이 나지 않든지 하는 것이다. 스트레스는 자신의 몸과 마음에 쌓여 신경 회로를 교란시켜 긴장과 피곤함과 피로를 가져다준다. 이로 인해 여러 가지 현대병을 유도시키고 질병을 유발시킨다.

호흡 명상은 스트레스를 제거시키는 가장 안전한 방법 중의 하나다. 자연스런 호흡의 변화와 몸과 마음의 변화는 스트레스라는 눈에 보이지 않는 적으로부터 자유로울 수 있는 대안을 준다. 마음이 편안하고 몸이 이완되고 휴식에 차 있으면 스트레스로부터 자유로운 것이다.

매스컴을 통해 사람들의 부정적인 성품이 저지르는 일들을 가끔

보게 된다. 인간의 잔인하고 폭력적인 마음의 본질은 바로 자신의 약한 곳에서 온다는 한 성현의 말이 떠오른다. 자신의 스트레스를 걸러내지 못하고 그것을 사람들과의 관계에서 내뿜고 흡수하면서 연쇄고리처럼 얽혀서 살아간다. 그러나 사람과의 관계에서 긍정적이며 좋은 영향을 주는 사람들도 많다.

필자는 과거에 서울 소년원에서 몇 년간을 명상을 가르친 적이 있었다. 일 년 동안은 강의나 말이 필요 없이 규칙적으로 무조건 매일 아침저녁으로 명상을 시켰다. 일 년이 지나자 그들의 그 강력한 부정적인 생각들이 변화하기 시작하였다. 그리고 그 후에 여러 긍정적인 결과들이 나왔었다.

부정적인 영향을 주는 많은 생각과 말과 행동 및 정보는 오히려 사람들의 마음의 안정을 깨고 생활에 혼란을 가져온다. 사람들의 모든 행동의 원인은 생각에서 오는 것이 사실이다. 심리학은 자신의 문제점을 지적해 주지만 진정한 해결점을 주지 못하고 있다.

올더스 헉슬리가 쓴《멋진 신세계》처럼 언제나 긍정적인 생각을 하고 행동하게 하는 좋은 유전인자로 좋은 사람을 창조해낼 수는 없는 것일까? 아니면 컴퓨터에서 불필요한 프로그램이나 바이러스를 제거하듯이 인간의 부정적인 마음의 바이러스를 제거할 수는 없을까? 물론 여기에 종교와 철학의 좋은 방법들은 도움이 될 수 있을 것이다. 그 외에 다른 방법은 없을까? 인간의 부정적이고 그늘진 마음에 햇살을 드리우는 방법으로 호흡 명상을 권하고 싶다.

기업에서 왜 수련을 할까: 회사를 살리는 인재 관리

우리가 살고 있는 하루는 말할 수 없는 속도감에 젖어 있다. 서울에서 부산까지 하루 동안 일을 보고 돌아오고, 스마트 기기를 통해 모든 업무를 언제 어디서든 볼 수 있으며, 모든 사건 소식 등을 바로 접하고 보고 들을 수 있는 미디어 시스템 등이 최근 몇 년 사이 급성장했다.

편리하고 빠른 진행이 가능한 이런 산업문화의 도구를 만들고 이끌어가는 국가 정부나 기업과 학교에서는 매 순간 분주하게 연구하고 움직이고 있다. 하지만 어느 정점에서는 한계점에 다다를 것이고, 그때 이 상황을 극복하지 못하면 위기가 곧 들이닥칠 것이라는 것을 안다. 기업에서는 새로운 산업, 새로운 성장 동력을 찾기 위해 고군분투하고 있다.

이런 가운데 기업의 생명을 지속적이고 새롭게 변화시키고 발전시키는 주체는 인재라는 것을 안다. 가까운 중국의 기업들이 급성장한 다양한 요인 중 하나는 글로벌 인력 유입을 통해 능력 있는 인재를 모으고 있다는 점을 전문가들은 지적한다.

국내 기업에서도 국내외 인력을 유입하기 위한 노력과 자체적 인력 교육을 통해 인재 관리에 끊임없이 고민하고 노력하고 있다. 인재는 안정된 인성과 뛰어난 능력을 갖추고 있어야 한다. 인재를 갖추고 있어도, 그들을 관리하지 않는다면 다시 외부로 유입되거나 원하는 만큼의 발전적 결과를 얻을 수 없다. 그래서일까, 많은 기업에서는 직원들의 몸과 마음의 관리를 위한 다양한 프로세서를 준비하고 있다. 의무실, 헬스장, 상담실 등 다양한 방법을 강구하고 있다.

거기에 더 파생되어 글로벌 기업인 구글에서 차드 멍 탄Chade-Meng Tan이라는 직원을 통해 명상이 기업 문화로 자리를 잡고 있다. 스위스 기업 빅토리아녹스Victorianox는 아침에 전 직원들이 업무를 시작하기 전에 체조를 꾸준히 하게 하며, 베이징 정부와 기업은 라디오 체조 부활, 국내에도 SK 그룹에선 고故 최종현 회장이 도입한 심기신 수련을 20년 넘게 사내에서 교육하고 있다. 그 외에도 요즘에는 삼성 및 다양한 기업들이 직원들의 심신의 관리를 위한 노력을 기울이고 있다.

사회와 기업은 빠르고 편리한 문화를 지속하는 노력을 하는 가운데, 사람들의 스트레스 증가와 그에 따른 건강과 사회적 문제를 동시에 갖게 되었다. 그 가운데 더 나아가 고민해야 할 키워드가 사람이다. 인재의 양성과 교육 및 향상을 통해 개인과 기업과 국가와 세계가 동시에 발전할 수 있다는 명제를 던지고 있는 것이다.

기업은 변화에 대한 적응과 대처를 위한 행동이 빠르다. 그렇지 않으면 생존할 수 없기 때문이다. 사람의 중요성을 관리하는 노력 중의 하나로 수련을 선택하고 있는 것이다.

명상하는 기업들

필자가 명상을 가르쳤던 사람들 중에는 대기업의 CEO나 여러 전문직에 종사하는 사람들도 많이 있었는데, 그들은 누가 보아도 인생의 성공을 위해 부지런히 달려온 사람들이었다. 그들은 자신이 생각한 목표에 도달한 성공한 사람들이었지만, 어느 순간 갑자기 밤에 잠을 못 자는 불면증 환자가 되었으며 우울증 증세에 시달리게 되었다.

우리나라의 빠른 경제개발을 일으킨 공로자였음에도 이미 그들 속에는 병이 들어와 앉았던 것이다. 그들은 불면증과 대인 기피증 등의 여러 상황을 극복하기 위해 많은 방법을 시도하였다. 물론 의사도 찾았고 심리상담도 하였고 많은 수행법도 실천하였다. 그러나 근본적으로 해결이 되지 않았다. 그들은 사람들의 소개로 필자에게 와서 명상을 배우게 되었는데, 명상을 배운 후에 그것을 꾸준하게 계속 실천하여 수면제나 약으로부터 자연스럽게 해방되고 삶의 방향을 찾게 되어 새로운 인생을 살게 되었다고 하였다.

애플을 창립한 스티브 잡스는 한때 회사에서 쫓겨나 힘들었던 시절을 보냈다. 그때 인도로 여행을 떠나 수행 센터에서 명상을 접하게 되면서 새로운 전환에 도움이 되었다고 한다. 요즘 구글에서 제일 유명한 사람은 차드 멍 탄일지도 모른다. 오바마 대통령뿐 아니라 각국의 원수, CEO, 달라이 라마 등 외부에서 구글을 찾는 사람은 차드 멍 탄과 사진을 찍는 것이 행사처럼 되었다.

그는 회사 내에서 엔지니어로 일하면서 본인의 스트레스를 극복하기 위해 우연한 기회에 명상을 접하고는 놀라운 효과를 경험했다고 한다. 그래서 동료들에게 '감성지능 강화 프로그램'이라는 이름으로 명상을 가르쳤다. 그 덕에 동료들의 감정조절이 안정되고 인간관계와 업무에 긍정적인 변화를 주고 있다고 한다. 그는 명상을 통해 많은 사람들이 스트레스에서 벗어나 행복함을 찾는 길을 모색하며 활동하고 있다.

SK 그룹은 20년 전부터 심기신 수련이 기업 문화로 자리를 잡았다. 한국에서 기업이 수련이라? 처음엔 고故 최종현 회장을 독특한 사람이라고 하기도 하고, 주변에서는 왜 그런 것을 하시냐며 만류했었다 한다. 하지만 20년이 넘어 많은 기업들이 수련 문화를 도입하는 아이러니한 모습은 즐거운 풍경이다.

고故 최종현 회장은 심기신 수련을 하게 된 계기를 회사를 운영하기 위해선 사람이 중심이 되어야 한다는 생각에 그 주제로 '패기覇氣'를 연구하다 접하게 되었다고 한다. 수련을 통해 심신의 관리에 유익함을 느끼고 회사 사내에 수련장을 만들어 직접 교육을 진행했다.

직원들의 심신을 건강하게 하여 자신의 역할과 능력을 최상의 컨디션에서 발휘할 수 있게 해야 한다는 취지였다. 육필 원고인《마음을 다스리고 몸을 움직여라》에 본인의 체험과 심기신의 유익함이 사회에 좋은 이바지를 할 것이라고 했다. 인재 양성에 대한 키워드에서 기업들이 왜 이런 심신을 단련하는 데 관심을 두는지 생각해볼 필요가 있다.

레슨 6

숫자 세는 호흡 방법

호흡이 들어오고 나가는 것을 확인할 때 그냥 호흡만을 한다는 것은 지루하고 답답할 수 있다. 이럴 때 하나의 도구를 부여할 수 있는데, 호흡이 들어오고 나갈 때 호흡의 숫자, 몸의 감각, 주변의 상황 등이 그것이다. 그 중 자신의 상태와 상황에 맞는 방법을 사용할 수 있다.

단, 주의할 것은 억지로 호흡을 통제하려 하거나 도구에 무리하게 집중한다면 부작용을 피할 수 없다. 도구의 적절한 사용법을 이해하면 자연스럽고 편안하게 호흡을 진행할 수 있다. 호흡을 할 때 자세는 편안하게 취한다. 상황에 따라 눕거나, 앉거나, 서서 해도 좋다.

1단계 호흡이 들어오고 나가는 것을 확인한다.

2단계 호흡을 들이쉬고 내쉬면서 진행될 때 호흡의 숫자를 센다. 아주 천천히 1에서 10까지를 센다.

3단계 아주 천천히 숫자를 세는데 들숨과 날숨이 끝나면 한 번을 세고, 그런 방법으로 1에서 10까지 세는 것을 반복하는 것이다. 만약 하다가 지루하면 억지로 반복하지 않고 있다가 다시 시작하면 된다.

이때 눈을 뜨거나 감을 수 있는데, 눈을 감고 하는 것이 훨씬 효과적으로 집중이 잘 된다.

레슨 7
소리와 함께하는 호흡 방법

아주 오래 전부터 전해 내려오는 호흡 방법이 있다. 이 자연스런 호흡 방법은 누구나가 다 실천할 수 있고 부작용이 없다. 모든 호흡 방법의 기초가 되는 방법이며, 이 방법을 다양하게 응용하여 가르치고 있다. 오랜 전통을 가지고 있는 이 호흡 방법은 누구나 쉽게 행할 수 있는 방법이기도 하다.

이 방법은 호흡과 마음을 둘 다 안정시켜주는 방법이며, 자연스럽게 집중하여 마음을 내면으로 몰입시키는 방법이다. 인간의 호흡은 하루 평균 21,600번의 들숨과 날숨이 일어난다고 한다. 우리는 자연스럽게 이 들숨과 날숨을 인지하며 그 호흡 소리를 듣는 것이다. 이러한 호흡 소리에 자연스럽게 집중하는 방법이다.

마치 어린 아이가 숨을 들이쉬고 내쉬면서 자신의 호흡 소리를 바라보듯이 한다. 인위적인 집중은 힘이 들지만 이 호흡 소리를 듣는 것은 힘이 들지 않을 것이다.

1단계 숨을 들이쉴 때 들이쉬는 호흡 소리인 '소~'를 생각하고, 내쉴 때는 내쉬는 호흡 소리인 '함~'을 생각한다.

2단계 호흡과 동시에 들이쉬고 내쉬면서 자연스럽게 호흡 소리를 생각하는 것이다. 만약 생각이 나지 않으면 억지로 생각하지 않아도 된다. 들이쉬고 내쉬면서 행하면 되는 것이고, 처음에는 눈을 감고 실천하지만 나중에는 눈을 뜨고도 행한다.

이 호흡이 무르익으면 평상시에도 자연스럽게 언제든지 행할 수가 있다. 특정한 부위를 집중하지 않아야 한다. 그래야 호흡과 생각의 자연스런 흐름에 몰입할 수가 있는 것이다.

편안하게 앉아 혀는 입천장 위에 살짝 붙인다. 혀는 말과 관계가 있으며, 특히 말과 생각은 상관관계를 가지고 있기 때문에 이 방법은 내면으로 몰입하는데 더욱 효과적으로 도움을 주기 때문이다. 처음에는 집중이 잘되지 않고 힘이 들지만, 나중에는 자연스럽게 들이쉬고 내쉬면서 진행이 될 것이다.

우리가 정신을 가지고 있다는 것은 자아의 존재를 자각할 수 있는 기반이 된다. 이 정신의 각성이야말로 바로 호흡이다. 정신은 우리의 몸과 호흡을 다루고 통제하는 전체적이고 세부적인 기능을 한다.

레슨 8
척추의 긴장을 푸는 호흡

몸은 마음의 상태를 대변한다고 한다. 자신감이 넘치는 사람은 가슴도 펴져 있고 얼굴이 밝다. 하지만 긴장과 고민이 많은 사람들일수록 얼굴빛은 어둡고 등은 굽어 있고, 어깨는 웅크리고 가슴은 좁아져 있다.

1단계 가슴을 펴면서 양팔을 만세를 하듯 들어올린다. 가슴 부풀어지도록 호흡을 깊게 들이마신다.

2단계 팔을 천천히 내리면서 고개를 숙이고 몸을 가볍게 웅크리며 배를 가볍게 당기듯 길게 호흡을 내뱉는다. 천천히 5~10회 정도 반복한다. 반복하다 보면 척추와 근육들이 부드럽게 긴장을 풀면서 호흡은 점점 깊어진다. 머리는 맑아지고 어느새 몸은 가벼워진다.

3단계 가벼워진 상태에서 눕거나 앉은 후, 눈을 편안히 감고 코끝의 호흡을 편안히 지켜본다. 이때 배가 자연스럽게 움직이는 것을 같이 관찰하면서 쉰다는 느낌으로 긴장하지 않는다. 긴장된 몸은 어느새 나른해지거나 편안해진다. 긴장이 많았던 사람일수록 나른함이 크다. 이 나른함은 곧 깊은 휴식을 취한 것처럼 개운함을 가져온다.

레슨 8 척추의 긴장을 푸는 호흡

1 호흡을 들이마시면서 가슴을 편다.

2 내쉬는 호흡에 등을 말듯이 웅크리며 배를 가볍게 당긴다
3 1~2를 5~10회 반복한다.

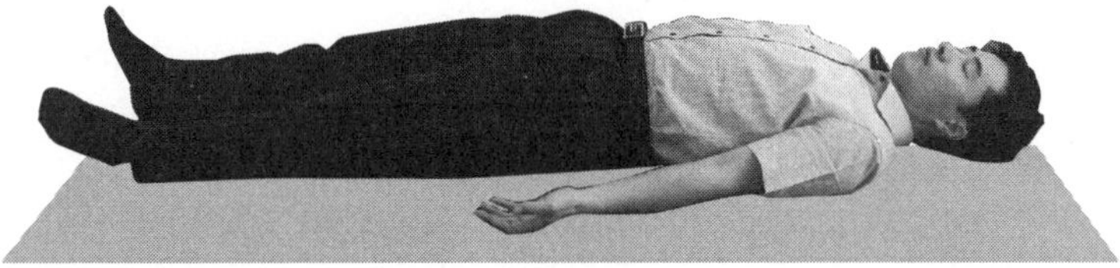

4 자리에 편안히 누워 자신의 코끝에 호흡과 배의 자연스러운 움직임을 관찰한다(10분).

레슨 9
호흡 관찰하기

1단계 편안히 앉은 상태에서 눈을 감고 2~3분 정도 있는다. 그러면 미처 몰랐던 자신의 호흡 상태를 알게 된다. 스트레스의 정도에 따라 숨 쉬는 것이 답답하다거나 부자연스럽거나 다양한 반응을 느끼게 된다. 이를 통해 자신의 몸과 마음, 그리고 호흡의 상태를 자각할 수 있다.

2단계 다시 눈을 뜨고 호흡을 천천히 길게 내쉰 후에 깊게 들이마시는 방법으로 10회 정도 반복한다. 그리고 다시 편안하게 눈을 감고 호흡을 자연스럽게 내버려둔 상태에서 2~3분 정도 있는다. 처음보다 호흡과 몸의 상태가 조금은 변화된 것을 알 수 있다.

3단계 이번에는 편안히 눈을 감은 상태에서 호흡을 길게 내쉰 후에 깊게 들이마시는 방법을 10회 정도 천천히 자연스럽게 힘들지 않게 해본다. 그리고 눈을 감은 상태에서 호흡을 자연스럽게 내버려둔 채 2~3분 정도 호흡이 드나드는 것을 관찰한다. 호흡이 점점 차분해지고 몸이 편안해지기 시작한다. 생각도 더불어 가벼워진다.

레슨 9 호흡 관찰하기

1 편안하게 앉는다. 등을 의자에 기대어도 좋고 편히 바로 세워도 좋다.
2 눈을 감고 가만히 2~3분 정도 있는다.
3 자신의 지금 상태를 파악한 후 심호흡을 반복한다(10회).
4 다시 눈을 감고 가만히 2~3분 있는다.
5 편안한 상태에서 심호흡을 길고 가늘게 반복한다(10회).
6 다시 눈을 감고 가만히 있는다. 그러면서 호흡이 코끝에서 드나드는 것을 관찰한다(2~3분).

레슨 10
두뇌 활동을 높이는 기초 트레이닝

하루에 한번이라도 이 호흡법을 반복적으로 한다면 몸과 정신에 밴 긴장을 최소 하루에 한 번은 쉬게 해주는 셈이다. 몸과 마음의 자연스런 긴장 해소는 두뇌활동을 높일 수 있다.

처음에는 10~15분이 귀찮거나 힘들게 느껴질 수 있다. 우리는 처음 접하는 익숙하지 않은 것에 대해서는 불편함을 느낀다. 하지만 몸과 마음이 어떠한 것에 적응하는 데에는 시간이 필요하다.

호흡을 자연스럽게 하는 과정이 며칠은 힘들 수 있다. 하지만 불과 10분 내외의 호흡 명상 습관을 통해 하루가 편안해진다면 상당한 고부가 가치의 습관을 갖게 되는 것이다.

1단계 잠시 눈을 감고 1~2분 정도 편안한 자세를 취한다. 자신의 상태가 충분히 인지되었다면, 숨을 천천히 깊게 코로 들이마시고 천천히 코로 내쉬며 심호흡을 해본다.

2단계 만일 호흡이 답답하다 느껴진다면 내쉬는 호흡만 입으로 내쉬어본다. 한두 번은 답답할 것이다. 하지만 심호흡이 4~5번 넘어가기 시작하면 조금씩 편안해지고, 몸의 긴장이 살짝 풀어지는 것을 느낄 수 있다.

3단계 다시 심호흡을 깊게 코로 들이마시고 코로 길게 내쉬어본다. 언제든 답답하면 다시 입으로 내쉬어도 좋지만, 편안해진다면 코로 호흡을 들이마시고 입으로 내쉬길 반복한다. 몸의 긴장도와 스트레스에 따라 횟수는 10~30회 정도 반복한다.

4단계 편안해지면 천천히 심호흡하던 것을 편안히 내버려두면서 1~2분 정도 가만히 있는다. 처음보다는 자신의 몸과 생각 그리고 호흡이 편안해져 있는 것을 알게 된다. 하지만 아직 긴장이 다 해소가 되지는 않는다.

5단계 이제부터 다시 눈을 감고 편안하게 드나드는 호흡을 관찰한다. 강한 집중이 아닌 그냥 있는 듯 없는 듯 편안하게 관찰을 한다.

관찰하다 딴생각이 흘러 들어와도 자세가 흐트러져도 개의치 않고 그냥 편하게 호흡을 관찰할 수 있는 선까지 관찰한다.

6단계 호흡이 코로 들어오면 자연스럽게 머릿속으로 '소~'라고 생각을 떠올려 본다. 호흡이 코 밖으로 나가는 것을 지켜보면서 '함~'이라고 떠올려 본다. 마치 평상시 가만히 있어도 떠오르는 생각처럼 집중이 되지 않은 상태에서 호흡을 관찰하고 그 호흡에 따라 생각도 편안히 떠올리는 것이다. 호흡 소리를 확대해서 들어보면 'ㅅ오~', 'ㅎ암~' 이라고 들리는 의성어가 들린다. 바로 이 호흡 소리를 편안하게 호흡과 같이 떠올려 보는 것이다. 자세에 구애받지 않고 편안히 앉아 있으면서 호흡 소리를 떠올려 본다.

7단계 시간이 10~15분 정도 지나가면서 서서히 떠올리던 호흡 소리를 멈추고 잠시 자리에 눕거나 앉은 상태에서 눈을 감고 그대로 1~2분 잠을 자듯 편안히 쉰다. 그리고 눈을 뜨면 자신은 10~15분 전에 자신에게 있던 긴장보다는 나른하고 개운한 자신을 보고 있을 것이다.

체험담

수많은 생각들이 부유물처럼 떠다니던 내 마음을 맑게 해주다

_ SK대덕연구소 Y 연구원

삶의 목표가 무엇인가? 고단한 삶에서 무엇을 위해 나는 달려가고 있는가? 그리고 나는 누구인가? 이런 질문에 대해 답을 하지 못한 적이 있었습니다.

직장생활을 시작한 이후로 어떤 목표 없는 삶을 살아온 적이 없었습니다. 항상 무엇인가를 위해 단기적으로 장기적으로 달렸습니다. 그리고, 그러한 목표들이 저에게 삶의 균형을 만들어 주었습니다. 그런데 어느 날 저는 제가 어디에 있는지 알지 못하게 되었습니다. 지금까지 추구해오던 목표가 없어진 것은 아니었습니다. 당장 진행해야 하는 목표가 없었던 것도 아니었습니다. 하지만 그때는 모두 허무하게 느껴졌습니다. 제 자신이 누구인지 삶의 목표가 무엇인지 재정의하기 전까지는 삶의 의욕을 다시 불어넣을 수가 없었습니다.

처음에는 15분 동안 명상을 하는 수련이었습니다. 명상을 하며 제 자신을 관찰했습니다. 첫 수련을 통해서 많은 것을 느끼지는 못했지만 제 자신이 궁금해지기 시작했습니다. 첫 수련 후 계속해서 명상을 시작했습니다. 제대로 하는 것인지도 몰랐습니다. 하지만 제 자신을 계속해서 관찰하였습니다. 그리고 제 자신에 대해 점점 알게 되었습니다.

몸은 휴식을 통해 편안해져 있지만 마음에는 많은 피로가 쌓여 있다는 사실도 알게 되었습니다. 하지만 휴식이 필요한데 어떻게 마음에 휴식을 줄 수 있을지 몰랐습니다.

신기하게도 조금 떨어져서 보면 다른 것들이 보이기 시작합니다. 마음에 여유도 생기고, 제 자신에 대해 훈수도 두게 되고, 제가 아닌 주변을 돌아보기도 하고요. 저는 이런 과정이 제 마음의 담금질이 될 수도 있겠구나 생각되었습니다.

제 자신 안에 갇혀 있으면 화도 나고 슬프기도 하고 실망도 하게 되지만 조금 떨어져 바라보면 편안한 마음으로 관찰을 할 수 있었습니다. 명상을 통해 다른 것들이 아닌 제 자신에 대해 알아가고 제 마음에 집중할 수 있게 됩니다. 제가 제대로 명상을 하고 있는 것인지도 모르겠습니다. 하지만 분명한 한 가지 사실은 제 자신이 누구인지 더 깊게 알아가고 있다는 사실입니다. 그리고 자신에 대해 알수록 어떻게 행동해야 하는지 알게 됩니다.

명상을 시작한 지 6개월이 지나갔습니다. 지금은 명상이 삶의 일부가 되어가고 있습니다. 시간이 날 때마다, 생각이 날 때마다, 업무에 조금 여유가 있을 때, 차를 마실 때, 심지어 화장실을 가며 걸어갈 때도 명상을 시도할 때가 있습니다. 6개월간 명상을 하며 알게 된 사실이 하나 있습니다.

내 마음은 맑지 않았고 많은 부유물들이, 즉 수많은 생각들이 떠다니고 있었다는 것이었습니다. 이러한 생각들은 나의 마음을 명확하게 보는데 방해가 되었습니다. 명상을 통해 이러한 수많은 생각들이 가라앉았고 고요하고 청명한 마음이 만들어졌습니다. 그리고 내 마음을 관찰하고 또 집중합니다.

내 마음에 집중을 하며 알게 된 놀라운 사실은 대부분의 질문들에 대한 답은 이미 내 마음속에 있었다는 것입니다. 심지어는 업무에 대한 답도 찾을 수 있었습니다. 물론 기술적인 답은 아닙니다. 명상을 통해 내 마음에 집중하였듯이 고요히 업무에 집중하면 문제 및 해결책을 명확히 볼 수 있었습니다. 또한 인간관계도 마찬가지로 내가 어떻게 해야 할지 명상을 통해 더욱 명확히 볼 수 있게 되었습니다. 그리고 매일 받는 스트레스도 대부분 내 마음 속에 원인이 있었다는 사실을 알게 되었습니다. 그래서 지금은 그 원인들을 하나씩 해결하기 위해 노력하고 있습니다. 물론 스트레스도 서서히 줄어들고 있는 중입니다.

만약 무엇인가를 명확히 볼 수 있으면 대부분의 해결책 및 대응방법은 바로 찾을 수 있습니다. 명상은 이렇듯 내 자신을 위해서도 많은 도움이 되지만 삶 전반적으로 많은 도움을 주었습니다.

그리고, 최근 발견한 사실 중에 하나가 명상은 운동과 병행할 때 더 좋은 효과가 있다는 것이었습니다. 운동한 후에 바로 명상을 한다는 의미가 아니라, 운동도 하고 틈틈이 명상을 하면 더 쉽고 더 청명한 마음을 만들 수 있었습니다. 정확한 이유는 잘 모르겠습니다. 하지만 정말 더 쉽게 청명한 마음에 도달할 수 있었습니다. 그리고, 청명한 마음은 몸을 스트레스로 내몰지 않고 운동하는 건강쪽으로 이끌고 갑니다. 몸과 마음이 서로 상호작용을 하며 좋은 방향으로 스스로 찾아가게 됩니다. 즉 명상은 건강에도 많은 도움이 된다는 사실에 집중하게 됩니다.

소리의 파동이 만들어내는 형상 – 얀트라

내면으로 몰입하는 명상의 수단 중에 소리인 만트라가 있다며, 형상과 도형을 나타내는 얀트라Yantra가 있다. 얀트라의 산스크리트 어원은 '얌Yam'에서 유래가 되며 그 뜻은 '유지, 지지하다'이다. 즉 얀트라의 형상은 에너지를 유지시켜준다는 것이다. 얀트라는 소리의 파동으로부터 형상화된 기하학적인 구조의 여러 형상들이다. 즉 소리의 파동 안에 그 에너지의 형상을 내재하는 것이다.

필자는 이러한 소리와 형상을 내재하는 얀트라에 대한 명상을 오랜 기간 실천했었다. 얀트라는 정확한 소리인 만트라와 함께 행하여야만 하며, 그것을 가르칠 수 있는 올바른 스승으로부터 배워야만 한다. 인간을 소우주로 보고 우주적인 형상을 대우주로 보며 인간은 곧 우주로부터 유래되었다는 얀트라는 소리인 만트라들의 음파에 따라 점, 선, 삼각형, 사각형, 원 등으로 다양하게 표현된다. 모든 형태들은 파동으로 이루어져 있다는 과학적인 데이터들이 있다. 디스크 판의 미세한 선의 흐름들이 소리를 만들어내는 것처럼 말이다.

과거에 번역한 마두 카나의 《얀트라》라는 책에서는 만트라의 소리를 전자적인 진동파로 만들면 시각화되는 것을 과학적으로 보여주고 있다. 그러니까 만트라 소리가 패턴이나 파동의 형태로 아름다운 도형, 즉 얀트라의 형상을 만들어내는 것을 보여준다. 현대의 양자물리학에서 에너지와 물질이 다르지 않다는 것을 입증하는 것과 같은 것이다.

만트라는 생각을 형상화시켜주며, 그 형상은 생각과 일체가 되며 동시에 힘을 발휘하기 시작한다. 그래서 초보자들은 오랜 기간 스승으로부터 내면의 만트라 소리를 통하여 마음을 가라앉히고 에너지를 키워나간다. 그런 다음 만트라가 서서히 형상화되도록 오랜 기간의 숙성을 통한 다음 얀트라를 동시에 실천해 나간다.

인도의 모든 건축은 이러한 얀트라에 입각하여 건물을 짓고 사원을 짓는다. 인도의 풍수지리학인 바수트Vastu나 스타파트야 베다Sthpatya Veda는 얀트라의 형상 에너지에 기초를 두고 있다. 이러한 인도의 얀트라는 티베트의 만다라에 영향을 주어 칼라차크라 만달라Kalachakara Mandala를 통하여 수행의 기초가 되게 하였던 것이다. 티베트인들은 보석가루나 석채石彩로 칼라차크라의 아름다운 형상을 만들면서 기도와 명상의 수행을 통하여 그것을 형상화시키고 없애버리는 의식을 행한다.

인도에서도 얀트라에 대한 체계적인 지식과 깊이 있는 수행을 하는 이들은 많이 보지 못하였다. 책이나 인터넷을 통하여 공개된 것들을 보더라도 서구에서나 우리나라 모두 오랜 기간의 깊이 있는 수행을 통해서 표현된 것이 아닌 들뜬 정보들만이 시중에 나도는 것은 안타깝다. 얀트라는 형상이지만 그 전에 형상이 되게 한 정신과 내면의 섬세함을 파악해야만 한다. 그렇지 않으면 외부적인 미신을 가진 수준 낮은 부적의 역할로 전락해 버릴 수가 있다. 그래서 모든 명인들은 얀트라의 형상들이 모습을 드러낼 때까지 많은 과정의 훈련을 필요로 하는 것이다.

현대에는 하나의 지식이 떠오르면 상식적인 대중화의 에너지의 물결에 금방 휩쓸려 버리게 된다. 헤르만 헤세의 《유리알 유희》에서는 모든 예술과 수학의 유희로 이루어진 직관적인 가르침으로 동서양과 고전과 현대를 망라하여 만들어진 명인의 문화를 말하고 있다. 아주 오래된 얀트라의 신성한 형상에 대한 이해는 현대의 많은 이들에게 다양하게 영향을 주었다. 심리학자인 그로프Stanislav Grof는 만다라 그리기를 통하여 사람들을 심리치료를 하는데 영향을 주었다. 인도에서는 특정한 집이나 사원을 지을 때는 반드시 얀트라에 기초하여 짓는다. 그것은 정신과 에너지와 자연의 흐름과 형상을 하나로 보는 풍수 사상과 같은 맥락이라고 본다.

3

몸과 마음을 연결하는 호흡
: 호흡 명상 3단계-자각하기

호흡을 천천히 내쉬고 들이쉼으로써
모든 존재를 하나로 자각하는 의식이 된다.

《시바 수트라 3장 22절》

문제를 풀어주는 친절한 해결사

삶에서 얼마나 고통과 스트레스에 영향을 받고 있는지 또는 자유로운지 그것을 평가하는 것은 자신의 주관에 달려 있다. 어떤 사람은 외부적인 스트레스로부터 영향을 받지 않고 오히려 즐기는 것처럼 행동하는 것을 보며 타고났다고들 말한다. 그들이 엄청 강한 신경라인을 갖고 태어났다고 한다.

그러나 누구도 살아가는데 있어 스트레스와 긴장과 고통으로부터 자유로울 수는 없다. 그 사람이 책임 있는 위치에 있을 때는 더욱 가중된다. 스트레스가 자신에게 엄청난 영향을 주고 있음에도 불구하고, 그것이 습관화되고 중독되어 잘 파악하지 못하는 경우가 많다.

또 다른 경우는 성취감에 중독되어 완벽주의자처럼 계속 전진하는 것이다. 그러다 보면 스트레스가 자신을 파고들어오는 것도 인식하지 못하는 상태까지 내몰리게 된다. 많은 현대인들에게는 컴퓨터나 스마트폰 등 그로 인한 엄청난 많은 정보가 분류되지 않은 채 자신의 정보 기억창고로 흘러 들어왔다 나간다.

이러한 수많은 정보와 기억의 한계는 인간을 디지털화된 기계에 의존하게 만들어, 자신이 스스로 생각하고 창출하는 방식으로부터 멀어지게 하고 있다. 우리는 이러한 것을 일컬어 비자연적이며 비인간적이며 기계적이고 디지털화되어 간다고 말한다.

이러한 문명의 방식에 공존하면서 자신을 살리고 자신의 본질적인 고통이나 스트레스로부터 자유로운 삶을 살 수는 없을까? 문명이 아무리 복잡하고 기계화되고 디지털화되더라도, 결국은 자신의 문제이며 자신이 편안하고 행복을 찾을 수만 있다면 그러한 문명의 이기는 부속적인 것이 될 것이다.

궁극적으로 자기 자신이 고통으로부터 자유로울 수만 있다면 모든 것이 같이 공존할 수 있다. 그것은 바로 자신의 감정과 마음의 안정을 찾을 때 가능한 일이다. 일상에서 생활하는데 몸이 건강하고 마음이 평온하다면 그것은 성공적인 삶이라 할 수 있다.

자연스런 호흡 명상을 통해 의식적으로 마음을 고요하게 하고 비워줌으로써 자신과 자신의 문제와 상황들로부터 자유로우면서도 해결할 수 있는 해결점을 찾아준다. 이는 일상의 바쁘고 복잡하고 혼란한 흐름에서 벗어나 몸과 마음을 교란시키는 스트레스와 긴장의 고통으로부터 자유롭게 해주는 가장 간단하면서 효과적인 방법이기도 하다.

명상은 결코 누가 대신 해줄 수 없는 자신의 문제를 해결해주는 친절한 해결사다. 즉, 개개인의 기량과 삶의 질을 높이기 위한 다양한 방법을 제시하고, 그러한 방법들을 통해 직접적으로 변화를 일으키는 실질적인 실천법인 것이다.

레슨 11
신경이 예민한 사람들을 위한 호흡 1 - 긴장된 얼굴 이완시키기

현대의 생활은 속도가 빠른 생활권에 놓여 있다. 그러다 보니 그 속도감에 지치고 채여서 자신을 불안하게 하거나 긴장하게 만든다. 이런 반복적인 생활에서 예민해지는 자신은 직장동료 및 가족 간의 관계를 날카롭게 하고, 결과적으로 자신을 더욱 예민하게 만든다.

자신의 안정은 상대적으로 다른 사람들까지도 안정되게 한다. 호흡을 편안하게만 한다면 빠른 속도의 생활권에서 지치지 않도록 스스로를 안정시키는 자신을 발견할 것이다. 그런 사람들의 주위에는 사람들이 호감을 갖고 다가오며 그로 인해 사람과 일의 반가움이 커질 것이다.

1단계 편안히 앉은 자세에서 이마와 입가에 힘을 주고 호흡을 들이마신다. 잠시 후 힘을 주던 이마와 입가에 힘을 빼면서 호흡을 편안히 내쉰다. 평상시 스스로가 얼마만큼 얼굴에다가 긴장을 주는지 모를 것이다. 하지만 지금과 같은 방법을 실천하다 보면 자신의 긴장된 얼굴을 자각할 수 있으며, 서서히 긴장된 얼굴이 편안해지는 것을 알 수 있다.

2단계 얼굴이 편안해진 다음 호흡이 들어오고 나가는 것을 가만히 지켜본다.

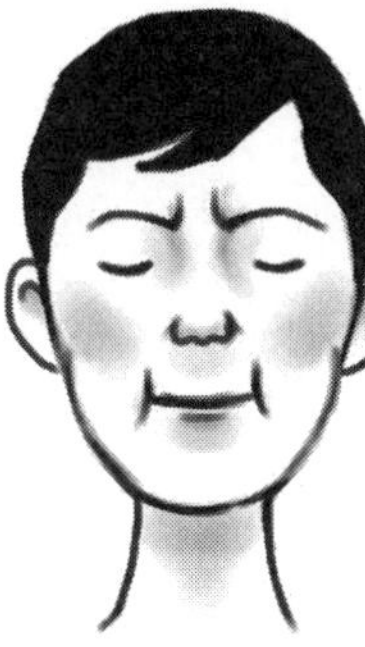

들이마시는 호흡에 '팽창'

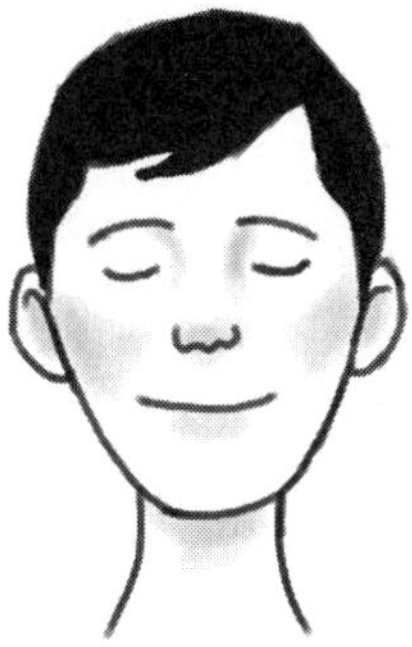

내쉬는 호흡에 '이완'

3단계 지켜보는 가운데 자연스런 호흡 상태에서 들어오는 호흡에 '팽창'이라고 자연스럽게 생각을 떠올린다. 자연스럽게 내쉬는 호흡에 '이완'이라고 떠올린다. 중간 중간 어떠한 생각이 떠올라 따라가더라도 자연스럽게 호흡이 관찰이 되면 들이마시는 호흡에 '팽창', 내쉬는 호흡에 '이완'이라는 단어를 자연스럽게 떠올린다.

4단계 10~15분 정도 시간이 지나면 얼굴뿐 아니라 자신의 예민해져 있던 거친 호흡과 마음이 편안해진 것을 알 수 있을 것이다.

레슨 12
신경이 예민한 사람들을 위한 호흡 2 – 신경을 부드럽게 하기

1단계 방에서 누워서 할 수 있다면 등을 편안하게 바닥에 맡기듯 누워 보자. 두 다리는 어깨 넓이로 긴장하지 않도록 가볍게 벌리고, 양팔을 아래로 가볍게 바닥에 내려놓고 손바닥은 위를 향하게 한다.

2단계 호흡을 천천히 들이마시면서 '몸이 뜸'이라고 생각을 떠올려 본다. 호흡을 내쉬면서 몸이 '바닥에 맡겨짐'이라고 생각을 떠올려 본다. 호흡은 자연스럽게 내버려둔 상태에서 드나드는 호흡을 편안히 관찰하듯 몸과 함께 지켜본다.

호흡과 더불어 몸의 움직임이 서서히 느껴진다면 자신의 긴장된 생각에서 호흡과 몸으로 대상이 옮겨지고 있는 것이다. 들숨에 몸이 팽창감과 날숨에 몸이 바닥에 체중이 맡겨지는 느낌을 통해 몸에 대한 자연스러운 자각과 호흡에 대한 자각이 예민한 신경을 부드럽게 풀어줄 것이다.

자신의 소중함을 인지하는 것은 다른 어떠한 것이 아닌 바로 자신의 몸과 호흡을 자각하는 것에서 시작한다.

레슨 13
근육의 긴장을 풀어주는 깊은 호흡

각자의 호흡은 몸의 긴장에 따라 짧아지기도 하고 깊어지기도 한다. 이번에 소개하는 방법은 몸의 긴장을 풀고 근육을 풀어주면서 자연스럽게 호흡이 깊어지는 방법이다.

1단계 양손을 편안히 배에 올려놓고 심호흡을 한다. 자신에게 적당하면서도 깊게 호흡을 들이마시고 내쉬면서 가볍게 배가 움직여지도록 해본다. 1분여 정도 반복한다.

2단계 한 손은 배에 올려놓고 한 손은 늑골 쪽에 올려놓고 심호흡을 한다. 지나치게 힘들이지 않는 선에서 깊은 호흡을 통해 복부와 늑골은 서서히 확장하게 된다. 1분여 정도 반복한다.

3단계 양손을 늑골에 올려놓고 늑골만 확장이 되도록 심호흡을 반복한다. 1분여 정도 반복한다.

4단계 한 손은 늑골, 한 손은 가슴에 놓고 늑골과 가슴이 확장이 되도록 심호흡을 한다. 1분여 정도 반복한다.

5단계 양손을 가슴에 놓고 가슴 호흡을 반복한다. 1분여 정도 반복한다.

6단계 한 손은 가슴, 한 손은 목과 쇄골에 놓고 가슴과 목, 쇄골 부분만 확장이 되도록 심호흡을 반복한다. 1분여 정도 반복한다.

7단계 양손을 쇄골과 목과 어깨를 가볍게 잡고 쇄골과 목 어깨만 확장이 되도록 심호흡을 한다. 1분여 정도 반복한다.

8단계 한 손은 배, 한 손은 쇄골과 목 주변을 잡고 전체적으로 호흡이 가득 차게 심호흡을 반복한다. 이제 몸통은 호흡을 통해 충분한 이완이 이뤄진 상태가 된다.

9단계 손은 편안히 내려놓은 후 자연스럽게 호흡을 내버려 둔다. 호흡이 코끝으로 자연스럽게 지나가는 것을 관찰한다. 이 상태에서 10여 분 이상 호흡을 편안히 관찰만 한다. 몸 전체에 충분한 산소 공급과 더불어 충분한 휴식을 취하게 된다. 자세는 누워서 또는 앉아서 상황에 맞게 하면 된다.

레슨 13 근육의 긴장을 풀어주는 깊은 호흡

1 양손을 배에 대고 배만 부풀어지게 심호흡을 한다.

2 손을 배와 늑골에 대고 배와 늑골만 부풀어지게 심호흡을 한다.

3 양손을 늑골에 대고 늑골만 심호흡을 한다.

4 손을 늑골과 가슴에 대고 늑골과 가슴만 부풀어지게 심호흡을 한다.

5 양손을 가슴에 대고 가슴만 심호흡을 한다.

6 손을 가슴과 목 주변에 대고 목 주변만 부풀어지게 심호흡을 한다.

7 양손을 목 주변에 대고 쇄골과 목 어깨만 확장이 되도록 심호흡을 한다.

8 손을 배와 목 주변에 대고 배부터 목까지 전체가 부풀어지게 심호흡을 한다.

9 손을 내려놓은 후 호흡을 자연스럽게 내버려 두듯이 하며 호흡을 관찰한다(10분).
※ 각 동작마다 5~10회 혹은 1분씩 반복한다.

레슨 14
불면증을 케어하는 호흡

불면증이 있는 사람들은 일반적으로 음주, 운동하지 않는 습관, 정신적 충격, 다양한 인터넷과 미디어 문화에 깊게 심취하여 생긴 불규칙적인 수면 습관 등 다양한 원인을 갖고 있다.

다양한 원인과 더불어 불면증이 지속되면 생각과 호흡이 거칠어진다. 거친 몸을 위해 가벼운 스트레칭, 낮에 햇빛 보며 걷기 등 다양한 방법을 통하여 해소한다. 하지만 이로써도 해결이 되지 않는 경우가 다반수다. 이유는 무얼까?

어떤 이유든 불면증이 일어나는 증상에 대해 힘들어 하는 것은 바로 생각이다. 생각이 계속해서 일어나고 멈추질 않는다. 이 생각 저 생각을 하며 밤새 양들을 세어보고 별들을 세어봐도 생각이 멈추지 않는다. 이때 호흡을 편안히 하는 방법을 안다면 호흡의 편안함과 더불어 불편하게 느껴진 생각이 조금씩 부드럽게 편안해진다.

1단계 우선 누운 자세에서 무릎을 안고 척추를 풀어주듯 부드럽게 굴러준다.

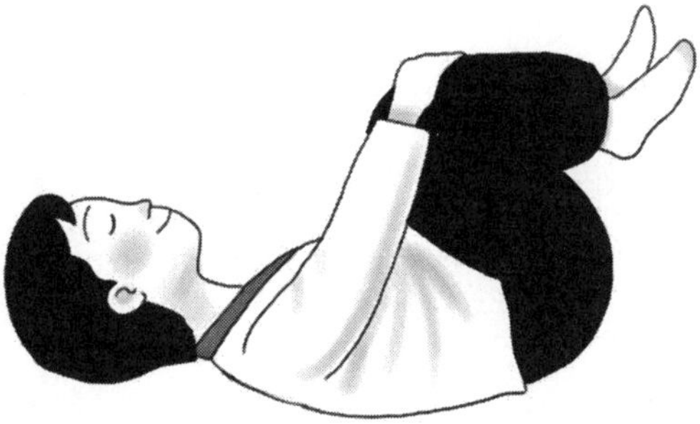

2단계 편안히 자리에 누워서 두 팔과 다리를 적당히 벌려 누운 자세가 불편하지 않도록 한다. 잠시 누운 상태에서 호흡을 지켜본다. 자신의 상태에 따른 호흡이 느껴질 것이다. 거칠거나 답답하거나 하는 호흡 상태라면 가볍게 1분여 정도 심호흡을 하면서 긴장을 풀어본다.

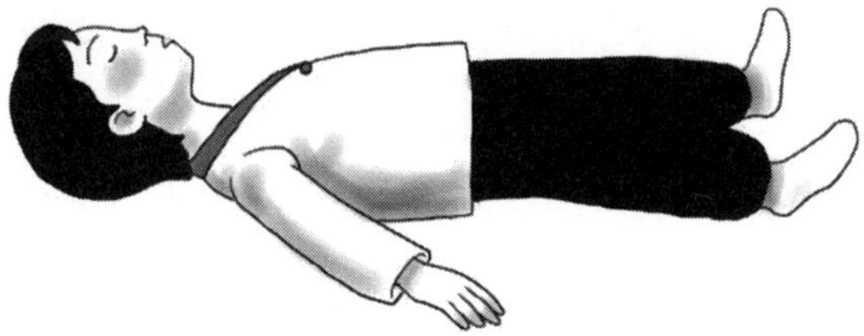

3단계 조금 여유가 생긴 상태에서 답답하지 않는 선에서 심호흡을 깊게 천천히 자연스럽게 2분여 정도 한다. 심호흡이 끝나면 천천히 몸을 바닥에 맡기듯 편안히 있는다.

4단계 코끝에 자연스럽게 지나가는 호흡을 관찰하면서 자연스럽게 있다. 호흡이 들어올 때 자연스럽게 들려오는 호흡과 비슷한 소리인 '소~'라는 단어를 편안하게 떠올려 본다. 호흡이 나갈 때 자연스럽게 들려오는 호흡과 비슷한 소리인 '함~'이라고 떠올린다.

호흡은 인위적이지 않도록 자연스럽게 드나드는 것을 그냥 내버려 둔다는 것이 중요하다. 몸이 자연스럽게 받아들여지는 호흡을 관찰하면서 자연스럽게 '소~', '함~'이라고 반복적으로 떠올린다.

중간에 생각이 떠오르거나 힘들어지면 잠시 가만히 있다가 괜찮아지면 다시 '소~', '함~' 호흡의 의성어를 호흡과 같이 떠올린다. 몸에 어떠한 긴장도 하지 않은 상태에서 강한 집중이 아닌 관찰을 통해 호흡 소리를 떠올리는 것이다. 10~15분 이상 반복하다보면 자신은 충분한 휴식을 취한 것처럼 나른하거나 이미 잠을 청하고 있을 것이다.

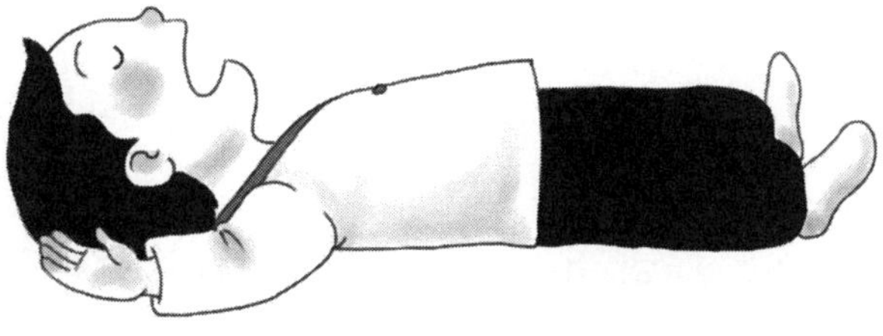

레슨 15
업무 능률을 높이는 호흡

직장에서 업무 때문에 지치고 사람과의 관계에서 지치고 피곤해진 몸을 효율적으로 쉬게 한다면 다시 적극적으로 일할 수 있다. 긴장을 갖게 하는 넥타이와 셔츠의 목 부분의 단추를 풀어 목에 여유를 준다.

1단계 앉은 자리에서 양손을 깍지 끼고 호흡을 깊게 들이마시면서 기지개를 켠다.

2단계 내쉬는 호흡에 편안히 내리고 다시 들이마시는 호흡에 기지개를 켠다. 반복적으로 3~5회를 한 후 의자에 몸을 편히 기대어 맡긴다. 눈을 감고 머리에서 발끝까지 몸이 편안한지 인지한 후 호흡을 편안히 관찰한다.

3단계 호흡이 들어오고 나가는 과정을 편안히 관찰하면서 코끝에 들어오는 호흡에 몸의 '팽창감'이라 가볍게 생각을 떠올려 본다. 코끝에 나가는 호흡에 몸의 '무거움'이라고 가볍게 생각을 떠올려 본다.

처음엔 가벼운 심호흡으로 시작하면서 반복하다가 서서히 자연스럽게 호흡을 하면서 단어를 가볍게 떠올리기 반복한다. 10여 분 정도 하다 보면 몸의 상태에 따라 졸기도 하고 나른하기도 하지만, 결과적으로 마치 잠을 한숨 자고 일어난 듯한 편안함을 갖게 된다.

레슨 15 업무 능률을 높이는 호흡

1 편안하게 앉는다.

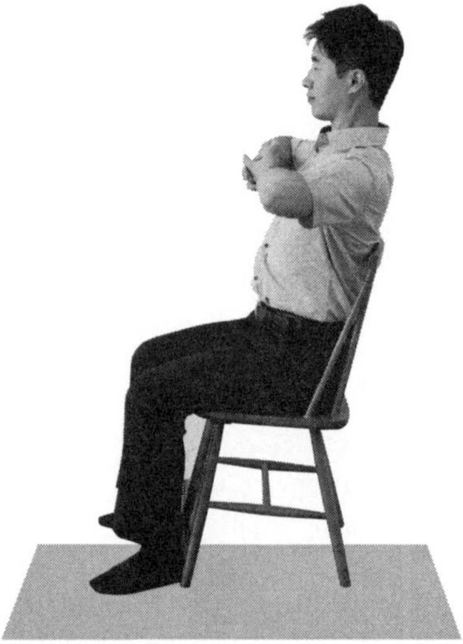

2 양손을 깍지를 끼고 들이마시는 호흡에 기지개를 편다.

3 내쉬는 호흡에 팔을 내린다.

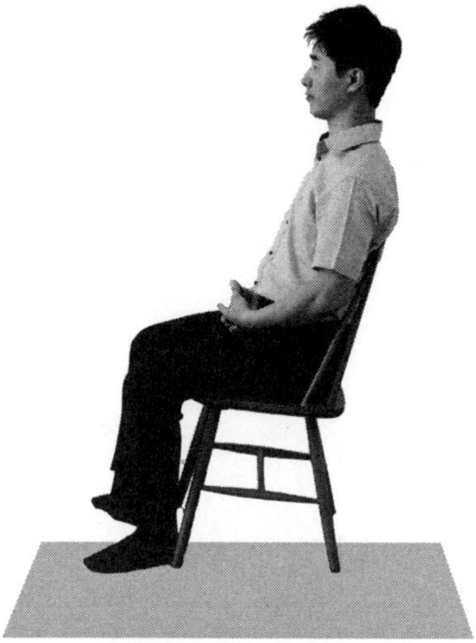

4 2~3을 3~5회 반복한다.
5 편안한 자세로 호흡을 관찰한다.

6 코로 들어오는 호흡을 보며 생각으로 '팽창~'이라고 떠올린다.
7 코로 나가는 호흡을 보며 생각으로 '무거움~'이라고 떠올린다.
8 6~7을 10여 분 반복한다. 9 잠시 쉬어준다.

레슨 16
공간을 이용한 호흡법

온전히 자신에게 집중하지 못하는 일상생활에서 자연스럽게 자신에게 집중을 유도하는 방법이다. 몸과 공간에 대한 자각을 반복적으로 이동하여 서서히 자신의 몸에 대한 인식을 유지하게 해주는 효과가 있다.

1단계 자신이 있는 공간을 가볍게 둘러본다.

2단계 그리고 편안히 눈을 감고 앉거나 눕거나 환경에 따라 자세를 편안히 한다.

3단계 자신의 몸을 머리에서 발끝까지 어떻게 있는지 가볍게 떠올려 본다. 호흡이 편안한지 확인한 후 10여 초 정도 자신의 호흡을 관찰한다.

4단계 천천히 자신이 있는 공간을 편안히 떠올려 본다. 호흡이 편안한지 확인한 후 그대로 10여 초 정도 있는다.

5단계 자신이 있는 공간 밖을 가볍게 떠올려 본다. 호흡이 편안한지 확인한 후 그대로 잠시 10여 초 정도 호흡을 편안히 관찰한다.

6단계 다시 자신이 있는 공간을 가볍게 떠올려 본 후 호흡이 편안한지 확인한 후 그대로 10여 초 호흡을 관찰한다.

7단계 몸을 머리에서 발끝까지 관찰한 후 호흡이 편안한지 확인한 후 10여 초 호흡을 관찰한다. 자신의 코끝에 호흡이 자연스럽게 드나드는지 관찰한다. 호흡이 들어오고 나가는 상태가 자연스러운지 확인해본다.

호흡이 거칠거나 생각이 복잡하다면 다시 자신의 몸에서 공간 그리고 외부를 가볍게 반복적으로 떠올리면서 최종적으로 자신의 호흡을 관찰한다. 이때 중요한 것은 무리하게 이미지를 떠올리지 않는 것이다. 자연스럽게 기억에 나는 자연스러운 상태를 떠올린다.

만일 이것 역시 힘들다면 그냥 몸, 공간, 외부 공간이라고 단어만 떠올려 본 후 다시 외부 공간, 공간, 몸, 코끝의 호흡 순으로 관찰한다. 자연스럽게 하는 과정에서 중간에 무리를 주지 않는다는 것이 중요하다. 10여 분 이상의 반복이 몸과 호흡을 편안하게 한다.

레슨 16 공간을 이용한 호흡법

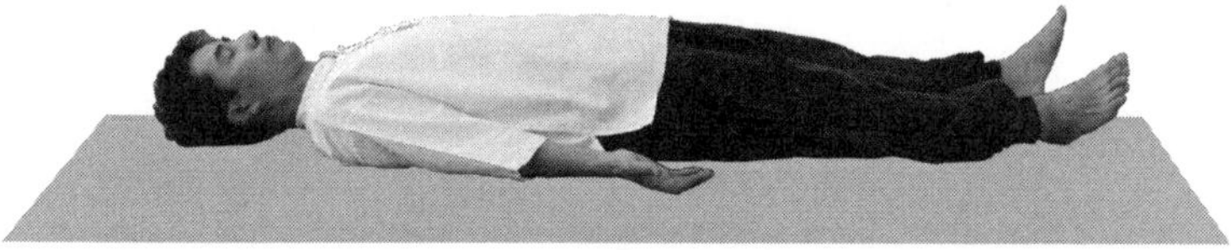

1 편안하게 눕는다.
2 몸이 편안하면 눈을 감고 움직이지 않는다.
3 머리에서 발끝까지 가볍게 느껴 본 후 10여 초간 호흡을 관찰한다.
4 자신이 누워 있는 공간을 떠올려 본 후 10여 초간 호흡을 관찰한다.
5 자신이 누워 있는 공간 밖을 떠올려 본 후 10여 초간 호흡을 관찰한다.
6 다시 자신이 누워 있는 공간을 떠올려 본 후 10여 초간 호흡을 관찰한다.
7 다시 머리에서 발끝까지 가볍게 느껴 본 후 10여 초간 호흡을 관찰한다.
8 10분간 반복한다.

레슨 17
몸을 세분화시켜 이완하는 호흡

몸을 세분화할수록 긴장도를 자각하게 하여 세부적인 이완을 유도할 수 있다. 미처 인지하지 못했던 내 몸의 다양한 부분에 대한 감각을 자각하게 하여 긴장을 하지 않게 하는 데 도움이 된다.

1단계 편안히 누운 자세에서 발가락을 가볍게 움직이다 멈춘다. 발가락과 발바닥의 느낌에 힘을 빼고 자연스럽게 호흡이 들어오고 나가는 것을 관찰한다.

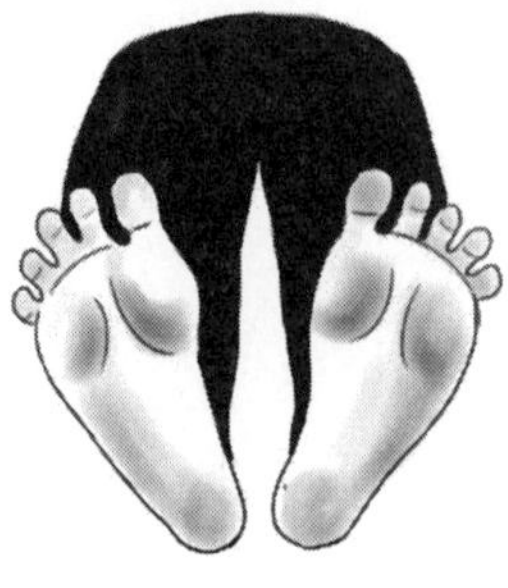

2단계 양쪽 종아리가 바닥에 놓여 있는 상태를 관찰한 후 호흡이 잘 드나드는지 관찰한다.

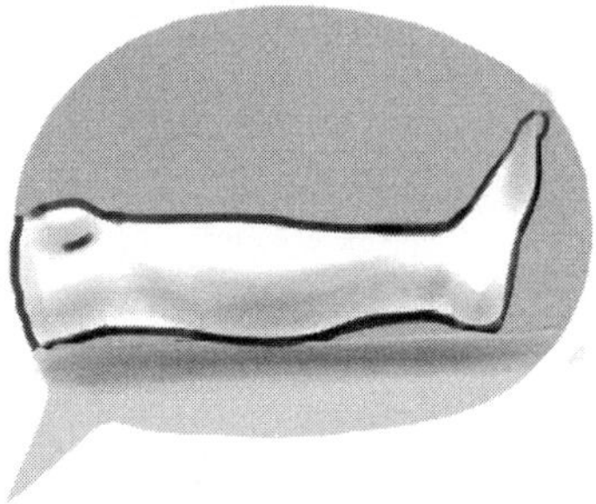

3단계 양쪽 허벅지가 바닥에 놓여 있는 상태가 편안한지 관찰한 후 호흡이 잘 드나드는지 관찰한다.

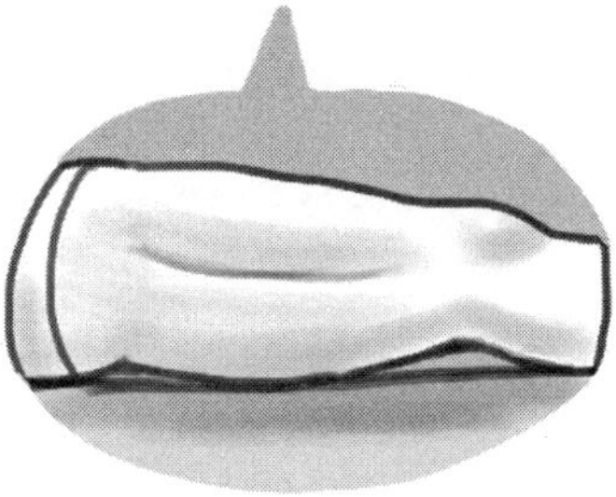

4단계 배와 허리가 편히 놓여 있는지 관찰한 후 호흡이 잘 드나드는지 관찰한다.

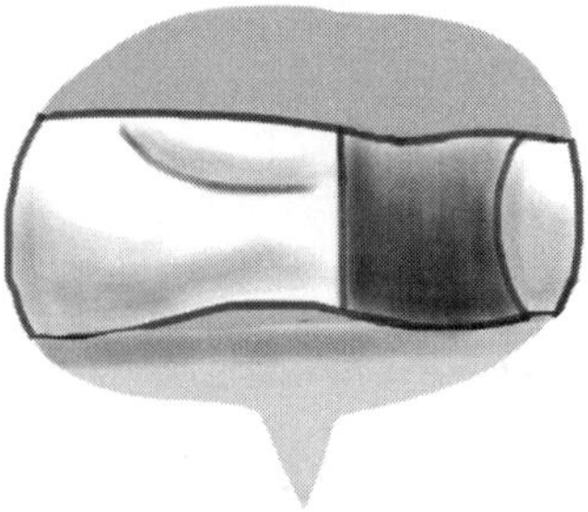

5단계 가슴과 등이 편히 놓여 있는지 관찰한 후 호흡이 잘 드나드는지 관찰한다.

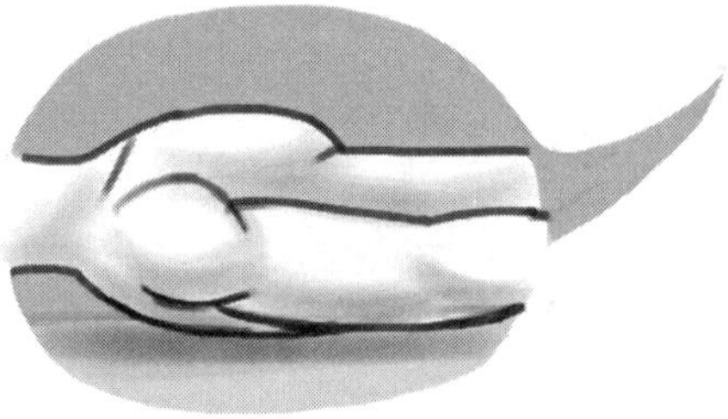

6단계 쇄골과 어깨가 편히 놓여 있는지 관찰한 후 호흡이 잘 드나드는지 관찰한다.

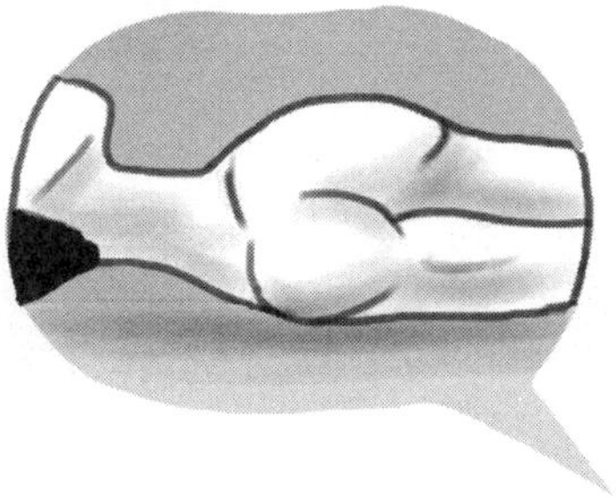

7단계 목과 턱, 입이 편안한지 관찰한 후 호흡이 잘 드나드는지 관찰한다.

8단계 얼굴 광대뼈와 눈가 주변이 편안한지 관찰한 후 호흡이 잘 드나드는지 관찰한다.

9단계 이마와 머리 옆과 정수리가 편안한지 관찰한 후 호흡이 잘 드나드는지 관찰한다.

10단계 발에서 머리 그리고 다시 머리에서 발로 여러 번 반복 관찰하면서 호흡을 관찰한다.

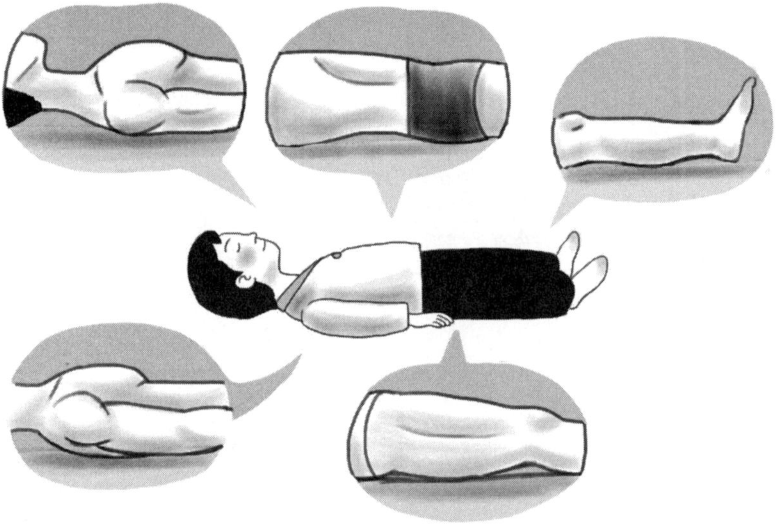

몸의 어떠한 변화에도 움직이지 않고 편안히 관찰하면서, 호흡이 편안한지 함께 관찰한다. 어떠한 생각이 떠올라도 몸을 관찰하면서 무리하게 생각을 통제하지 않는 가운데서 반복하다 보면, 몸은 부분별마다 긴장을 자연스럽게 이완하기 시작한다. 호흡은 점점 깊어지고 편안해지는 것을 알 수 있을 것이다.

행복을 찾아서

사람들이 심리적인 혼란에 빠져 자기 자신이 방황할 때, 어떤 이들은 정신을 잃을 정도로 술을 먹거나 어떤 이들은 쉬지 않고 줄담배를 피우거나, 또 여성들의 경우에는 폭식을 하거나 아예 음식을 먹지 못하는 경우도 있다. 그것보다 좋은 방법으로 여행을 하거나 아니면 독서를 하거나 운동을 하면서 마음을 달래기도 한다.

사실 심리적인 혼돈의 과정은 누구라도 겪을 수 있는데 과거에는 사람들이 이러한 상태가 되는 것이 자신의 의지 문제라고 여기는 등 일반적으로 잘 이해하지 못하였다. 그러나 현대로 올수록 심리적인 괴로움은 단순한 의지의 문제가 아닌 질병으로써 이해되고 있으며, 육체적인 다른 병의 원인이 될 수 있다고도 한다.

심리적인 괴로움과 우울함을 치료하기 위해 병원에서는 보통 상담을 하거나 신경안정제를 사용하는데, 몇몇 의사들은 운동요법을 첨가하여 요가나 기공을 적용하여 가르치기도 하며 가벼운 명상법을 병행하기도 한다. 그러나 우리나라에서는 아직 전문적인 명상요법이 도입되고 있지 않는 실정이다.

서구에서는 상담심리학이나 임상심리학에서 뿐만 아니라, 현대의 새로운 심리학 체계로 알려진 초개아 심리학Transpersonal Psychology에서도 명상이 가장 첨단의 심리요법의 대안으로 적용되고 있다. 그리고 서구 의학에서도 병을 치료하기 위해 정신적인 안정을 주고 몸과 마음의 균형을 맞추기 위해 명상을 사용하고 있다. 그러나 아주 단계적이고 체계적인 방법론을 통하여 적용이 되어야 한다.

이미 과학적으로 검증된 자료들이 많이 있는데 초월명상Transcendental Meititation과 히말라야 연구소The Himalayan International Institute 및 시바난드 연구소Sivanand Research Institute에서는 명상에 대한 과학적인 연구 보고서들을 1970년대부터 구축하기 시작하였다. 그들은 명상할 때 일어나는 심리적 · 생리적 현상을 조사하였는데, 명상을 하게 되면 실제적으로 신진대사와 뇌파의 변화나 심장 박동수가 최적으로 조절되어 일상생활에서의 대인관계를 원만하게 하며, 내면적으로는 안정되고 기억력도 향상되어 학업능력과 업무능력 등에서 집중력을 높여준다는 보고서를 냈다. 즉 명상을 통하여 몸과 마음에 긍정적인 효과를 줄 수 있다는 것이다.

명상은 우리의 내면의 부조화와 부정적인 흐름들인 스트레스를 풀어주고 긴장된 것들을 이완시켜 진정한 휴식의 상태를 만들어 주어, 우리의 몸과 마음을 조화롭게 발전시키고 자신과 주변의 관계들을 긍정적으로 바꿔주는 가장 첨단의 방법으로 과학적으로 검증된 심신일체 수련법이 되어야 한다.

인간과 우주의 역학관계 – 탄트라

탄트라Tantra는 아주 광범위한 언어며 모든 학문을 통괄하는 언어다. 그런데 그것이 서구로 건너가 단순히 성에 대한 언어로 왜곡되어 알려졌다. 탄트라의 어원은 산스크리트어로 지식을 확장한다는 '탄Tan'에서 나왔다. 탄트라는 인도에서 베다 문명이 들어오기 전에 문명의 발생지인 인더스 문명에서 가지고 있는 지식이었다.

인도에 들어온 아리안의 베다 문명과 인더스 문명의 탄트라가 결합하여 인도 문화와 사상에 영향을 주었다. 내가 왜 이렇게 장황하게 탄트라를 말하는가 하면 거기에는 오래된 역사와 깊이가 있기 때문이다. 탄트라는 사실상 인도인들의 모든 문화 안에 자리잡고 있다. 그리고 학문이나 예술과 철학과 신화 안에 녹아 있다.

탄트라의 수행법이 일반적으로 알려진 것은 내면의 에너지를 돌리게 하고 인간의 에너지의 중심인 차크라를 의식하게 하는 것과 우주의 음양에서 오는 성적 에너지를 느낀다는 것이다. 탄트라에 대한 책을 쓴 인도인이나 외국인들이 그 의미를 정확하게 전달하기에는 이미 독자들은 성性이라는 고정 관념이 강하며 그 내용이 너무나 어렵다는 것이다.

인도의 모든 문화가 탄트라에 녹아 있음에도 인도인들조차도 고정적인 인도 전통 학문에 대해서만 말할 뿐, 그것을 쉽게 표현하고 있는 책은 많이 보지 못하였다. 티베트는 오히려 탄트라와 불교를 생활화하여 일반인들도 수행적인 삶을 살게 하는 바탕이 되었다. 일본에서는 탄트라가 밀교로 알려져 많은 책을 내고 있으며, 규모가 큰 여러 밀교 종단들도 있다. 우리나라에도 몇 개의 불교 종단이 밀교 수행을 하고 있다. 티베트는 오랜 기간 동안 불교와 인도의 탄트라 문화를 함께 연결하여 독특하게 탄트라 불교를 꽃피웠으며 그것을 독자적으로 잘 보존하여 가르치고 있다.

탄트라는 인간의 몸 구조를 소우주로 보고 우주를 대우주로 보는 인간과 우주의 역학 관계에 대하여 민감하게 가르치고 있다. 그러한 대우주의 에너지를 받아들일 수 있는 인간의 몸을 신성하게 보는 가르침을 탄트라가 준다. 몸은 옛날부터 《우파니샤드》나 그 외의 경전에서 말하듯이 7개의 에너지 중심센터가 있고, 72,000개의 많은 신경회로의 에너지 망이 있다고 하는데 그것은 상징적일 수가 있다. 사람들은 그러한 상징적인 것이 주관적인 것이라고 생각하기도 하는데 그런 것은 아니다. 다만 내면적인 에너지를 자각하는 쿤달리니Kundalini라고 하는 것이 몸속에 잠재되어 있다가 깨어난다는 것이다.

어떻게 하면 그러한 에너지가 생성되고 깨어나는가? 그것은 내면으로 섬세하고 고요히 침잠해 들어가게 하는 수단인 집중이 이루어져야 한다. 그러한 방법으로는 느낌이나 마음의 집중이 필요하다. 그리고 몸과 마음이 깊이 무르익었을 때 더욱 깊이 명상으로 몰입하게 하는 방법들을 가르치는 것이다.

탄트라의 스승은 처음 그의 몸과 마음의 상태를 면밀히 관찰하고, 그의 에너지를 극대화하고 마음을 안정시키는 여러 방법들을 단계적으로 가르쳐준다. 거기에는 몸과 정신의 구조에 대한 이론과 철학이 뒷받침되어야 한다. 인간의 궁극적인 목적은 자신의 몸과 마음이 건강한 삶을 살고 행복과 진리를 추구하는 것인데 탄트라의 본질은 거기에 있는 것이다.

근대에 인도에서 유명한 탄트라의 대가는 바로 라마크리슈나Ramakrishna였다. 그는 고대로부터 전해 내려오는 탄트라의 모든 수행법을 여러 스승으로부터 전수 받았으며 인도와 세계의 정신사에 획을 긋는 활동을 하고 떠났다. 탄트라는 절대로 한 부분에 치우친 방법이 아니며 다양한 모든 부분을 통합하려는 힘을 가지고 있다. 라마크리슈나는 종교와 사상을 떠나 우리에게 '인간이 바로 신의 발현'이라는 확실한 가르침을 주었다. 그는 탄트라에 대하여 "탄트라는 전 우주의 표현이며, 그 표현은 인간의 마음과 몸을 통하여 분명히 여러 형태와 에너지로 나타나는 것이다"라고 하였다.

4

호흡 명상과 함께하면 좋은 운동

나는 창조된 모든 세계에 형상을 부여하면서
바람처럼 호흡하나니 천상을 넘고 지상을 넘어
나는 넓고 위대하게 펼쳐지도다

《리그베다》 10권 125장 8절

신진대사 운동의 주역이 바로 호흡

스포츠, 요가, 기공, 명상 등 이 모두가 호흡의 중요성을 일관되게 이야기한다. 호흡은 우리 삶과 떨어질 수 없는 관계다. 우리의 모든 움직임은 호흡과 관련이 있다. 호흡이 부드럽고 느려진다는 것은 몸이 깊은 휴식을 취할 뿐만 아니라 마음도 안정이 된다는 것이다.

잠을 잘 때 호흡은 훨씬 느려진다. 긴장을 하고 운동을 할 때는 빨라진다. 호흡을 스스로 자연스럽고 천천히 안정되게 할 수 있다면 그것은 바로 삶의 열쇠이자 비밀이 될 수 있다. 모든 몸의 기능은 충분히 휴식을 취하면서 동시에 활력이 넘치는 정중동靜中動의 상태가 된다는 것은 명상의 효과다.

사람들은 누구나 생각하고 숨 쉬고 말하고 밥을 먹고 물을 마시고 걷고 운동하며 생활한다. 한시도 숨을 놓치고는 살 수가 없다. 그러한 숨의 고마움이 어느 순간 잊혀져가고 있다. 마치 지구에 공기가 있다는 것이 얼마나 고마운지를 잊고 있듯이 말이다.

숨이 정상적으로 기능할 때, 즉 아주 자연스럽게 잘 보살펴주면서 숨을 보호하고 활용한다면 삶에서 많은 이익을 얻을 것이다. 물론 숨을 빠르게 움직여 기능을 활성화시켜주는 것도 중요하다. 모든 운동이 산소를 공급하고 이산화탄소를 배출하는 신진대사 운동이며, 그 주역이 바로 숨이기 때문이다.

사람들에게 능률적으로 숨을 쉬게 하는 것이 호흡 명상이다. 운동을 할 때는 그에 맞게 빠르게 일상생활에서는 천천히 호흡을 하게 하는 것이다. 저마다 수많은 호흡 방법으로 자신의 건강과 양생을 발전시켜왔다. 중요한 것은 얼마나 부작용 없이 호흡을 안전하게 잘 쉬게 하여, 그 사람의 정신과 에너지인 기氣와 몸을 다스릴 수 있는가 하는 점이다.

간단하게 자신의 몸을 스트레칭하고 척추 상태나 몸의 유연성을 주기 위한 동작들은 몸과 마음을 안정시키고 호흡 명상을 실천하는 데 도움을 준다.

레슨 18
호흡 명상을 돕는 스트레칭

기지개와 몸의 좌우 측면을 펴줌으로써 자세를 바로 펴주고 몸의 측면에 밴 긴장을 풀어 안정감 있는 조율을 돕는다. 평상시 웅크리거나 긴장된 근육으로 인해 호흡이 짧아진 상태에서 깊은 호흡을 가질 수 있도록 어깨, 목, 허리의 긴장을 풀어주며 기분을 상쾌하게 한다.

레슨 18 호흡 명상을 돕는 스트레칭

1 두 다리를 어깨 넓이로 벌리고 양손을 깍지 낀다.

2 호흡을 들이마시면서 기지개를 편다.

3 호흡을 내쉬면서 좌측으로 늘려준다.

4 호흡을 들이마시면서 제자리로 돌아온 후 내쉬면서 우측으로 늘려준다. 여러 회 반복한다.

레슨 19
척추 늘려주는 운동

이 운동을 실천함으로써 다리와 허리의 힘이 강화되고 척추 기능을 활성화시켜준다. 호흡과 함께 반복적으로 하게 되면 심폐기능에도 도움을 준다. 어디서나 할 수 있으며 부작용이 없는 간단한 운동법이다.

레슨 19 척추 늘려주는 운동

1 팔을 옆으로 늘어뜨리고 다리는 어깨너비로 벌리고 선다.

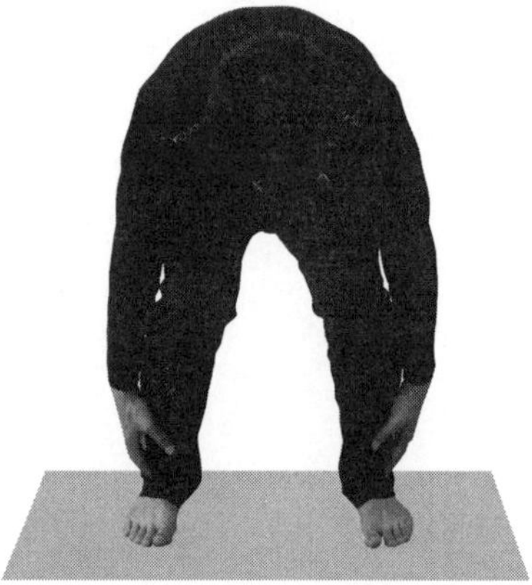

2 숨을 내쉬고 무릎을 굽히면서 양손은 다리 바깥쪽으로 내린다.

3 양손을 안으로 모아 숨을 들이쉬면서 어깨를 돌리면서 발뒤꿈치를 들면서 일어난다.

4 뒤꿈치를 내리면서 손을 천천히 내린다. 이것을 여러 회 반복한다.
5 내쉬는 호흡에 긴장을 풀며 팔을 내린다.

레슨 20

앉아서 뒤로 다리 만들기 운동

잘 풀어주지 못하는 등 뒤쪽에 운동을 해줌으로써 목뼈인 경추에 문제가 있거나 견비통이나 척추의 긴장을 풀어주는 데 도움을 준다. 아주 독특한 운동법이어서 쓰지 않은 근육을 운동시켜 준다. 팔과 다리 근육도 풀어주고 엉덩이를 올려주는 힙업에도 도움을 준다.

레슨 20 앉아서 뒤로 다리 만들기 운동

1 앉은 자세에서 다리를 약간 벌린 채 뻗는다.

2 손바닥을 바닥에 붙이고 무릎을 굽혀 상체를 들어올린다.

3 숨을 크게 들이쉬며 바닥과 평행을 이루게 한다. 신체의 모든 근육을 팽팽하게 긴장을 시키는 동작이며, 이때 자연스럽게 숨을 멈출 수 있으면 멈춘다.

4 몸을 내리면서 숨을 내쉰다.

레슨 21
엎드려서 역 브이(V)자 운동

이 운동은 짧은 시간에 탁월하게 유산소 운동을 하는 효과를 준다. 처음에는 5~6회를 하다가 천천히 늘려나가서 20회까지 늘려나간다. 팔과 다리의 긴장을 풀어주고 척추 기능을 활성화시켜준다.

레슨 21 엎드려서 역 브이(V)자 운동

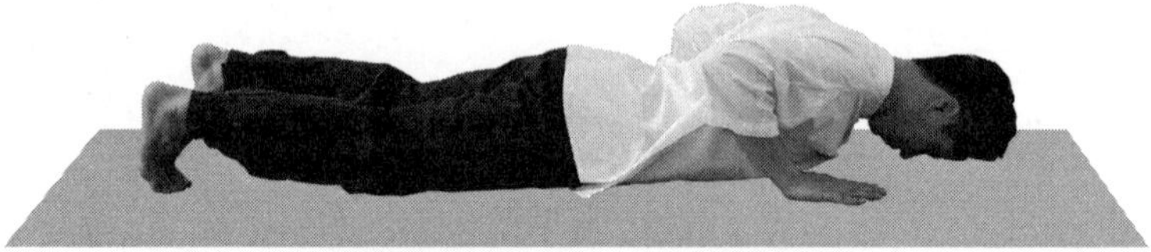

1 두 발과 발끝으로 몸을 지탱하며 엎드린다.

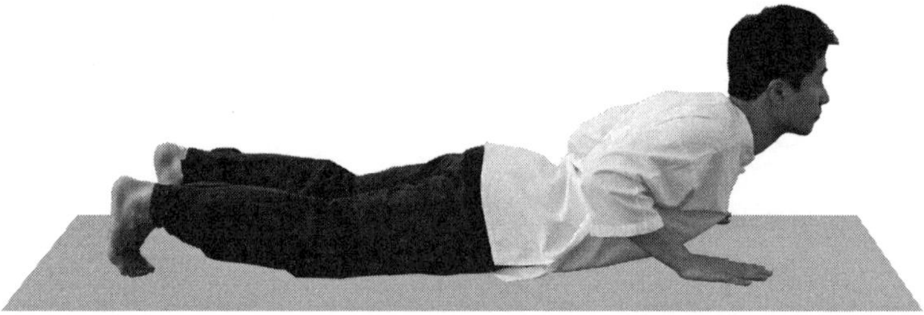

2 바닥에 숙인 상태에서 고개를 들어 위로 올리면서 숨을 들이쉰다.

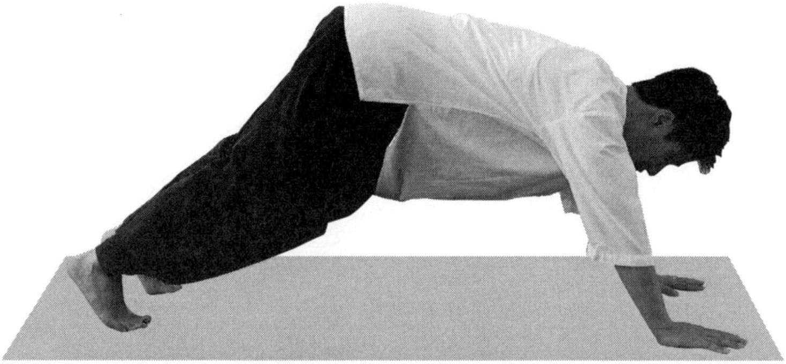

3 숨을 내쉬면서 몸을 역 브이(V)자 형태로 만든다.

레슨 22
뱀 자세 운동

뱀 자세를 통해 가슴을 펴고 천천히 올려줌으로써 심폐기능을 활성화시켜준다. 그리고 흉곽을 펴주어서 목뼈인 경추에 유연성을 준다. 소화기 계통에 자극을 주어 소화가 잘되게 한다. 소화불량이나 변비에도 도움을 준다.

레슨 22 뱀 자세 운동

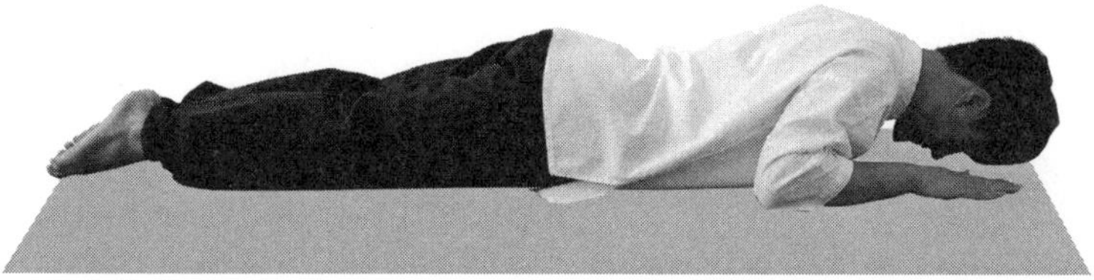

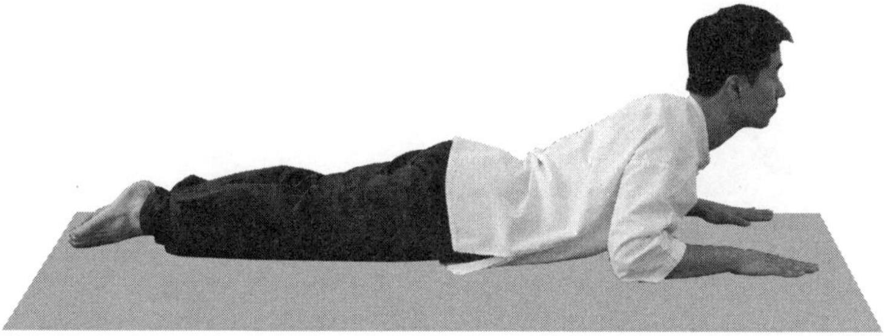

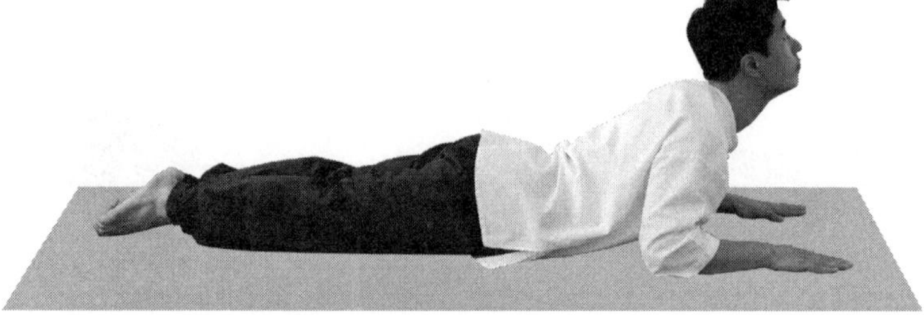

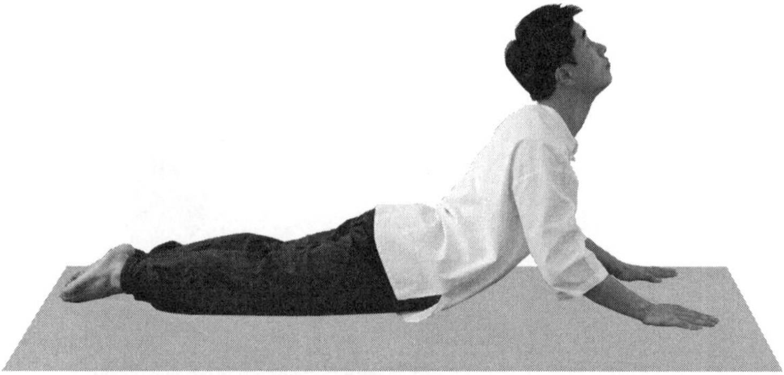

엎드려서 천천히 고개를 들면서 호흡을 들이쉬고 내쉰다.

레슨 23
호흡과 이완

먼저 편안하게 누워서 눈을 감은 다음 몸의 긴장을 풀고 손바닥은 위로 하여 천장을 바라보게 한다. 그리고는 다음의 순서대로 천천히 호흡을 들이쉬고 내쉬면서 몸을 이완한다. 이완이 체계적으로 정리되면 생활하는 가운데 피곤함이 점차 사라지게 될 것이다.

1단계 머리 부위를 양 옆으로 천천히 바닥에 대고 천천히 굴리면서 돌린 다음 이완한다.

2단계 어깨를 살짝 들었다가 떨어뜨린 다음 이완한다.

3단계 팔 부위를 이완한다. 손 부위를 이완한다.

4단계 척추를 따라 이완한다.

5단계 엉덩이를 살짝 들어 올린 다음 떨어뜨리고 나서 이완한다.

6단계 장딴지를 이완한다.

7단계 발목을 이완한다.

8단계 발을 이완한다.

9단계 천천히 몸 전체를 바라보면서 이완한다.

온몸을 이완하였으면 잠시 누워 있다가 일어나도록 한다.

레슨 24
운동이 끝난 뒤에 하는 호흡 고르기

운동이 끝난 후 자리에 편안히 눕는다.

다리 두 다리는 어깨 넓이로 벌린다. 다리가 너무 벌어지면 다리 외측 근육이 긴장을 하고 너무 좁으면 내측 근육이 긴장을 한다. 그러므로 적당한 자신의 어깨 넓이로 벌리는 것이 가장 편안히 눕는 좋은 방법이 된다.

팔 양팔은 겨드랑이에 한주먹 정도 들어갈 정도로 벌린 후에 손바닥이 하늘을 향하게 한다. 손바닥이 바닥을 향하면 시간이 갈수록 어깨에 힘이 주어지므로 하늘로 바라보게 하는 것이 오랫동안 누울

때 긴장 없이 눕는 좋은 방법이다.

체중 몸 전체는 바닥에 체중을 맡기듯 편안히 눕는다. 눈을 편안히 감고, 이마와 턱에 긴장을 푼다. 누운 자세가 편안해지면 코끝에 지나가는 호흡이 편안한지 관찰한다. 호흡이 편안해지면 자연스럽게 배를 관찰하면서 배가 움직이는지 관찰만 한다.

호흡과 배를 자연스럽게 움직이면서 관찰만 한다. 중간에 졸아도 좋고 생각이 많이 떠오른다 해도 크게 신경 쓰지 않고 자연스럽게 호흡과 배를 관찰한다. 시간이 지날수록 호흡과 배는 규칙적으로 안정이 되며, 몸이 충분히 이완되어 운동 후 남아 있는 피로감을 풀게 된다.

레슨 24 운동이 끝난 뒤에 하는 호흡 고르기

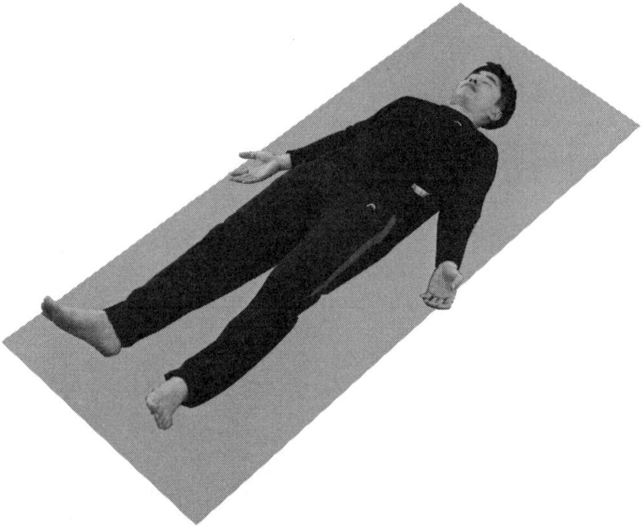

1 두 다리를 어깨 넓이로 벌린다.
2 양팔은 겨드랑이에 주먹이 들어갈 정도로 살짝 벌리고 양손바닥은 위를 향하게 한다.
3 자연스럽게 호흡을 내버려둔 상태에서 호흡과 배를 관찰한다(10분).

모든 질병은 몸과 마음의 균형이 깨짐으로써 생긴다

호흡 명상을 실천하게 되면 몸은 호흡을 덜하게 되어서 저절로 일상보다 휴식을 더 취하게 된다. 동시에 마음도 안정되면서 뇌의 움직임에 변화가 오기 시작한다. 안정되고 이완되는 알파파나 세타파, 델타파 또는 감마파의 파장이 일어나는 것이다. 심장박동수도 천천히 뛰게 되며 몸의 안정과 동시에 마음의 안정을 주게 된다.

우리 몸의 구조는 장부와 혈류와 신경계통 등이 잠시도 쉬지 않고 움직이기 때문에 조금이라도 멈추거나 순환이 되지 않으면 질병을 유발시킨다. 숨을 쉬지 못하여 산소가 공급되지 못하거나, 수분이나 음식을 공급하지 않으면 몸은 바로 지탱하지 못하게 된다. 또한 몸과 신경계통이 외부적인 자극을 계속 받으면 마음은 그 스트레스를 견

디지 못하고 다른 질병을 유발시킨다. 몸과 마음이 상호보완을 하지 않음으로 해서 정신적, 신체적 질병을 일으키게 된다.

호흡 명상을 실천하면서 몸과 호흡과 마음의 연쇄 고리가 몸의 모든 부위에 효과를 주게 된다. 인간의 다기능적인 요소는 사소한 스트레스 요인으로도 몸과 마음의 균형이 깨진다. 그러므로 질병을 유발시키는 잠재력을 언제나 내포하고 있는 셈이다.

하루 평균 들이쉬고 내쉬는 21,600번의 호흡, 호흡이 가쁘거나 빨라지거나 또는 숨이 찰 때는 몸의 모든 기능이 균형을 잃고 혼란을 겪는다. 호흡 명상이 몸에 주는 가장 큰 효과는 휴식이다.

사람은 보통 잠을 통해 휴식을 취한다. 잠은 인간에게 깊은 휴식을 주며 정신적인 재생과 활력을 불어넣어준다. 호흡 명상은 잠의 휴식보다 더 깊은 몸의 휴식을 얻을 수 있다. 이러한 휴식은 몸이 가지고 있던 긴장이나 피로를 제거시켜 스트레스로 전이되는 것을 막아주며, 이러한 스트레스의 예방은 질병이 일어나는 것을 막아준다. 결국 호흡 명상은 질병을 예방하게 해준다.

인간의 움직임의 가장 중추적인 역할은 호흡을 통해 진행된다. 그러므로 호흡을 자연스럽게 조절하면 몸의 모든 기능들은 바로 영향을 받게 되는 것이다. 호흡을 통해 뇌에 산소를 공급할 뿐만 아니라, 우리 몸의 장기에 바로 직접적인 영향을 준다. 또한 마음에 영향을 주어 마음을 안정시키고 생각이 일어나는 것을 고요하게 하여, 고요함에서 일어나는 창조적인 생각으로 전환시켜주는 역할을 한다.

호흡 명상은 호흡을 천천히 느리게 하도록 돕는다. 이것은 삶의 역동적인 상황에서도 자신을 관조하게끔 해주는 방법론이다. 다만 주의할 것은 절대로 인위적이거나 생활의 리듬을 깨면서 하지 말라는 것이다. 그렇게 되면 몸의 자연스런 기능을 방해하기 때문에 바람직한 방법이 아니다. 과거로부터 많은 호흡 방법이 인위적인 방법으로 행해짐으로써 생활에 적응하지 못하거나, 오히려 부작용을 일으키는 흐름으로 유도되기도 하였다.

호흡 명상을 계속 실천하게 됨으로써 자연스럽게 몸은 휴식 상태를 취하면서 마음은 안정되고 각성된 상태를 유지하는, 생활에 바람직한 상태를 만들어낸다. 궁극적으로 충분한 휴식을 취하여 몸에 가지고 있는 피로나 스트레스를 제거시키고 나아가 마음에까지 영향을 주는 상태를 만들어낸다. 이러한 몸의 휴식을 우리는 잠으로밖에 얻지를 못하였으나 명상은 잠과 동시에 휴식을 첨가해주는 주요수단이 된다. 호흡 명상을 계속 해나가면 몸은 충분히 휴식이 되어 그 여유를 창조적인 활동에 쓸 수 있게 된다.

다른 삶의 방법들도 마찬가지이겠지만, 명상을 하자마자 바로 삶을 직시하고 깨달음을 얻은 소수의 천재들에 대한 아름다운 이야기들은 이미 그들이 거친 모든 과정을 빼놓고 말한 것들이다. 우리는 삶의 어떤 과정도 빼놓고 넘어설 수는 없다.

다음은 동양인 최초로 노벨상을 받고 우리나라를 동방의 등불이라 노래하였던 라빈드라나트 타고르Rabindranath Tagor가 노벨상을 받은 시집

《기탄잘리Gitanjali》에 나오는 한 구절이다.

"나의 여행의 시간은 길고 또 갈 길은 멉니다.
이 몸은 햇빛의 첫 번째 빛나는 수레를 타고 황막한 우주에서
항해를 계속하여 수많은 별과 위성에 발자국을 남겨 놓았습니다.
님에게 가까이 간다는 것은 가장 먼 길이요,
또 이 과정이야말로 완전한 단순함으로 이끌어가는
가장 복잡 미묘한 것입니다.
나그네는 제 문을 찾고자 하여 낯선 문마다 두드려야 합니다.
가장 맨 끝의 중심에 있는 전당을 찾고자
온 바깥세상을 헤매고 돌아 다녀야 합니다.
내 눈은 멀리 또 헤맨 다음에야 눈을 감으며 이렇게 말했습니다.
'그대는 여기 계셨군요!'
'아, 어디에' 하고 묻는 말은
천 갈래의 눈물의 강으로 녹아 내려가 '나다!' 하는
확언의 홍수로 온 세상이 넘쳤습니다."

깊은 내면을 손으로 묘사하다 – 무드라

명상으로 들어가는 여러 가지 방법 중에 손의 동작을 통해 가는 방법이 있다. 그것을 산스크리트어로는 무드라Mudra라고 하는데 그 뜻은 몸의 동작이라는 뜻인데 한자로는 결인結印이라고 하며 손의 동작에 많은 비중을 둔다. 인도나 티베트의 수행자들은 명상을 하면서 여러 손과 몸의 동작을 보여주는데 한 동작 동작마다 나름대로의 뜻을 내포하고 있다.

요가에서는 몸을 위주로 하는 요가인 하타 요가에서 무드라를 사용한다. 이것은 눈을 위아래로 올리는 자세를 취하거나 몸의 동작을 취하거나 손의 동작을 취하는 자세를 말한다. 무드라는 인도의 수행자들이 많이 쓰는 자세지만, 티베트의 승려들도 무드라의 손의 자세를 통하여 명상으로 몰입한다. 수행자들이 몸의 에너지 통로를 열어주는 의미도 있고 또한 몸과 마음의 연결점을 보여주는 의미이기도 하다. 인도의 조각상이나 티베트나 중국의 불상들에서 그러한 모습들을 많이 볼 수 있다. 우리나라 국립 박물관의 비로자나불毘盧遮那佛이나 경주 석굴암의 불상의 눈, 몸, 손 등의 무드라는 깊은 내면을 아름답게 묘사한 것이다.

티베트인들은 그들이 제일 신성시하는 아름다운 카일라스Kailash산 또는 수미산須彌山을 표현한 손동작을 무드라로 만들어 수행한다. 인도 수행자들은 요가의 동작에서 눈을 위로 올리는 삼바비 무드라Sambhavi-mudra를 통하여 집중하고, 혀를 코 안쪽으로 타고 올라가게 하여 동공 깊숙이 밀어넣는 케차리 무드라Khecari mudra를 실천하여 내면으로 몰입한다. 그런 식으로 손과 발과 다리와 몸의 무드라를 통하여 마음을 집중한다.

이렇게 몸 동작을 통하여 몸의 에너지인 기氣 또는 프라나의 흐름을 유도하는 것이 무드라다. 수백 가지의 손동작을 통하여 보여주는 에너지의 흐름들은 정신의 다양한 표현이기도 하다.

나는 인도의 라마크리슈나 사원에서 수행자들이 무드라의 손동작을 하면서 명상에 몰입하는 것을 보았다. 그리고 티베트의 사원이나 붓다가 깨달음을 얻었다는 부다가야Buddha Gaya에서 티베트 승려들이 손으로 무드라 동작을 하는 것을 보았는데 명상으로 몰입하기 위한 단계들이다. 무드라는 마음의 고요함을 이끌기 위한 많은 방법들을 중에 하나이며, 마음의 바다를 항해하기 위한 돛대와 같은 역할을 해주는 것이다.

무드라는 다섯 손가락과 손바닥 그리고 손의 동작을 통하여 물, 불, 바람, 공기, 에테르의 다섯 원소를 나타낸다. 다양한 손의 동작들을 통하여 연꽃, 금강석, 내면, 외면, 분노, 깨달음 등을 표현하는데 그것은 초월적인 내면체험을 외부적으로 상징하는 동작들이다.

무드라에 대해서는 책을 쓴 사람들은 인도 수행자 케샤브 데브Keshav Dev와 스위스 여자 수행자인 게르트루트 히르시Gertrud Hirschi가 있고 데일 사운데르Dale Saunder는 불교 무드라를 소개하였으며 티베트의 고승들의 책에도 무드라에 대한 다양한 표현들이 많이 있다. 특히 그들은 무드라를 통하여 질병을 치유할 수도 있고 심리적인 안정을 가질 수 있다고 한다. 케샤브 데브는 병원에서 무드라를 실천하는 것으로 질병을 치료하는데 효과를 볼 수 있는지 임상실험을 했다.

그러한 실험들 중에 새끼 손가락과 검지 손가락만을 세우고 다른 손가락은 모이게 하는 아파나 무드라는 비뇨기에 좋다고 알려져 있으며, 엄지와 새끼손가락을 붙이고 나머지 세 손가락을 쭉 펴는 부디 무드라는 신장이나 방광을 좋게 하는 효과를 준다고 한다.

무드라는 모든 종교와 종파를 떠나 몸과 에너지와 정신을 연결시켜주는 명상의 형태이며 인간의 몸이 자아내는 아름다운 예술작품이다.

5

자연스러운 호흡의 흐름이 긍정적인 생각을 만든다

"자기 한 몸 수습하기를 천금같이 무겁게 하라.
한순간의 편안함과 위태로움도 마음가짐에 있다.
마음을 황하수 강과 같이 깊게 하고,
입은 높은 곤륜산같이 무겁게 한다."

一身收拾重千金 頃刻安危在處心
心深黃河水 口重崑崙山

율곡 이이

마음이 고요할 때 생각의 힘이 극대화된다

무엇보다 호흡은 자연스러워야 한다. 삶이 자연스러운 것처럼 호흡 명상 또한 어떤 제약이나 구속을 받게 되면 그 본래의 성장 흐름은 깨지고 만다. 호흡 수련에서 가장 중요한 과정은 세 가지로 나눌 수 있다.

그 첫 번째는 육체의 움직임의 과정이며, 두 번째는 호흡의 과정, 그리고 세 번째는 마음의 과정이다. 이 세 가지 흐름은 우리의 몸과 마음의 흐름이며, 고리처럼 연결되어 순환하는 자연스런 흐름이다. 사실상 호흡은 우리와 함께 있는 것이지만 우리는 오랫동안 그것을 잊고 살고 있었다. 이유는 우리가 동작을 하고 움직일 때 스스로를 마구 다루었기 때문이다. 또한 제멋대로 호흡을 하고, 자신의 정신을 막무

가내로 조정하거나, 생각나는 대로 흘러가게 하였기 때문이었다.

현대적인 삶이란 가장 자연적인 삶의 방향이 비자연적인 삶의 방향으로 바뀌게 되면서 이루어졌다. 호흡 명상을 실천함으로써 우리 몸의 근육과 뼈에 연결된 신경계는 이완되고, 뇌와 장의 기능은 원활하게 움직인다. 또한 혈액과 임파와 에너지의 흐름이 순조로워지고, 마음은 내면을 향하고 안정된다. 호흡 명상이 몸과 마음에 가져다주는 이러한 효과들이 우리의 마음을 안정시키고 육체를 휴식하게 하여 근본적인 스트레스를 제거한다.

호흡을 통해서 자연스럽게 마음을 내면으로 집중하게 하며 어떠한 인위적인 노력이나 집중을 허용하지 않는 안전 제일주의의 자연스런 방법이다. 호흡 명상은 어느 순간 새롭게 만들어진 것이 아니라, 고대로부터 많은 검증을 통하여 전해져 내려온 방법이며 자연스럽게 자신의 호흡으로 되돌아가게 하는 방법론이다. 궁극적으로 자신의 본연으로 돌아가는 것이다. 즉, 생각을 비우고, 자신의 내면을 드러내는 것이다.

단순한 호흡조절 방법을 통해 몸과 마음에 활력과 에너지를 불어넣어주어 삶의 패턴을 바꾸는 커다란 계기가 되는 것이다. 호흡의 패턴은 바로 몸에 산소를 공급하고 몸의 순환을 바꿔주고, 마음으로는 생각이 줄게 만들어준다.

호흡을 통해서 몸이 휴식을 취하고 동시에 마음이 안정된다면 몸과 마음이 조화로울 때 일어나는 에너지가 생성된다. 그것은 삶의 에너지이며 몸과 마음 양쪽에 다 좋은 효과를 주는 결과를 만들어낸다.

생각의 힘이 극대화될 때에는 마음이 고요한 상태에 있을 때다. 이러할 때에 몸도 휴식을 취하게 되고 편안한 상태가 되며 호흡이 가라앉을 때 일어난다. 정신-호흡-몸, 이 세 가지 상태가 안정이 될 때 몸과 마음에서 에너지가 일어나는 것이다.

호흡 명상은 세 가지를 동시에 쉬게 해주어 에너지를 활성화시키는 것이다. 삶의 에너지는 이 세 가지의 균형이 맞춰졌을 때 더 강하게 나온다.

몸 ⇄(호흡) 의식적인 마음(행동적 · 잠재적) ⇄(호흡) 순수 의식

호흡 명상은 표면적인 생각들로부터 보다 내면적이고 깊은 심층의식을 넘어 순수 의식으로 끌고 들어가게 한다. 우리의 표면의식은 수많은 생각의 흐름들로 인하여 많은 생각들이 지나가고 있다. 그러한 생각의 흐름들이 호흡 명상을 통하여 자연스럽게 줄어들고, 내면의 심층의식이나 순수의식이 일상에서 유지될 수 있다. 그럴 때 비로소 마음은 안정이 되고 편안해진다. 마음이 안정되니 활동의 힘은 배가 될 것이며 보다 능률적으로 진행되는 것이다.

내면의 안정이 곧 성공의 지름길이다

호흡 명상을 하면서 콧구멍으로 호흡이 들어오고 나감을 인지하게 된다. 콧구멍을 통해 들어오고 나가는 것을 자연스럽게 인지할 때 몸과 호흡과 마음은 자연스럽게 집중하게 된다. 이때 가지고 있던 생각도 이 호흡의 흐름에 끌려오게 된다.

많은 호흡 프로그램들 중에서 긍정적인 생각과 에너지를 창출하는 호흡법들이 많다. 자신의 좋은 생각을 일궈내고 이미지화하고 발전시켜나가는 방법인데, 이러한 방법의 기초는 호흡 명상이 이루어진 상태에서 생각을 이미지화하는 것이 좋다.

그래서 명상은 좋은 생각을 일으키는 기초가 되는 중요한 방법이다. 생각을 심상화心象化하고 좋은 이미지를 그려내는 많은 방법들이 실패하는 이유는, 바로 마음의 편안하고 고요한 가운데서 생각을 일으키는 것이 아니기 때문이다.

《요가 수트라》에서 "좋은 생각은 마음이 고요한 데서 창출된다"고 말한다. 호흡 명상을 계속 실천하게 되면 평상시에도 늘 마음이 안정됨을 느낀다. 이 세상에서 가장 좋은 생각 네 가지를 생각하는 것은 삶을 살아가는데 성취와 보람과 기쁨을 느끼게 해준다. 호흡 명상을 꾸준히 하게 되면 좋은 생각들이 저절로 만들어지고, 그 좋은 생각들은 삶을 행복하게 만든다.

첫 번째 이뤄지는 좋은 생각은 가까운 사람을 친밀하게 느끼고 모든 사람들을 친밀하고 가깝게 느낀다. 그런 다음 모든 자연이나 사물들도 친밀하게 느낀다. 모든 삼라만상과 사람들과 친화력을 가지게 하는 마음이라고 하여, 이것이 기초되지 않고는 어떠한 마음도 안정된 마음을 유지할 수가 없다. 세상은 모든 것이 관계로 이루어져 있다. 비록 자연인 무생물까지도 서로 영향을 주게 되어 있다.

인간과의 관계와 서로의 마음이 교류되기 위해서는 자신이 이미 마음을 열어놓은 수용적인 상태에서 모든 사물을 바라보아야만 한다. 우리는 호흡을 통해 내면의 강한 힘을 축적한 다음 언제나 다른 이들에게 좋은 마음과 에너지를 주기 위한 마음을 훈련할 필요가 있다. 이것은 자신의 삶을 키워주는 힘의 원천이다.

두 번째 좋은 생각은 가까운 사람에게 베풀거나 동정심同情心의 마음으로 느끼고 나아가 주위 모든 사람들에게 애틋하고 베푸는 마음을 가지는 것이다.

베풂이나 연민은 다른 사람의 마음과 같은 동정심의 마음이다. 이것은 내가 많이 있고 위에 있어, 적게 있고 아래에 있는 다른 이를 베푼다는 마음을 가지는 것이 아니라 다른 이의 힘든 과정을 섬세하게 이해한다는 것이다. 관계에 있어 친절하고 부드러운 관계의 기본이 되는 것이다. 베푸는 것은 이미 자신이 다른 사람과 연결되고 그 관계에서 부드러운 행위를 취하는 것이다.

세 번째 좋은 생각은 호흡 명상을 하다가 행복을 느끼는 것이다. 행복이란 자신의 삶에서 가장 만족한 상태가 될 때를 말한다. 기쁨의 극치가 인생에서는 자주 있다. 그러나 삶의 정확한 방향이 정해져야만 자신의 기쁨으로부터 다른 이의 고통을 덜고, 가장 가까운 이들로부터 다른 이들에게로 확대해 나갈 수 있는 것이다. 행복은 모든 사람들의 삶의 목표다. 자신이 행복할 때 그것은 다른 모든 이들의 행복으로 확장될 수 있다.

네 번째 좋은 생각은 호흡 명상을 하다가 편안함을 느끼며 모든 것을 잊어버리거나 놓아버리는 것이다. 어떠한 것에도 흔들리지 않으며, 다른 것에 부러워하지 않으며, 평등하게 보고, 누구를 원망하거나 구별하지 않는다. 먼저 가까운 이들에게 이 마음을 생각하고, 점차로 멀고 미운 이들에게까지 편안한 마음을 생각한다. 편안함이 펴져나가면서 개인과 직장과 사회로 확대해 나간다. 편안함은 삶의 시야를 한계 없는 상태로 확장시켜준다.

삶의 방향을 잡고자 하는 사람들을 위해

호흡은 몸과 마음을 동시에 발전시켜줄 뿐만 아니라 자신의 삶의 방향이 보다 안정되고 확고한 마음을 찾게 된다. 호흡을 생활화함으로써 자신의 생활과 삶이 변화되며 삶의 형태가 바뀌게 된다. 호흡을 평상시에 자연스럽게 자각함으로써 자신을 외부 상황에 휘말리지 않는 삶을 살게 된다.

우리는 살아가는데 언제든 장애를 맞이하게 된다. 예를 들어 소외감으로부터 나오는 고통과 미움, 인간에 대한 분노와 공포심, 사랑하는 사람과의 헤어짐, 허전함, 세상살이에 대한 허무함, 그리고 연속되는 불행, 희망이 없는 반복된 인생, 괴롭고 지루한 끊임없는 사건들, 계속되는 약함과 질병, 연달아 반복되는 인생의 실패, 시험의 낙방,

사업 실패, 경제적인 압박감, 짓누르는 공포, 컴퓨터 중독, 약물 중독, 정보의 중독, 우울증, 조울증, 불면증, 정신분열증, 성적 갈등, 성 기능 장애, 가족 간의 갈등, 어둠과 죽음, 이미 결론난 것 같은 생의 캄캄한 미래들, 끊임없는 괴로움들, 이러한 수많은 삶의 갈등 구조들을 만나게 되는 것이다.

호흡은 지금 바로 이 순간에 자신의 편안하고 안정된 자각의 연속성을 되찾기 위한 과정이다. 그리고 그러한 연속성을 자연스럽게 이어가는 것이 바로 호흡 명상을 생활화하는 것이다. 이 호흡 명상을 꾸준히 실천함으로써 마음은 내면으로 자연스럽게 몰입되어 더욱 더 안정된다.

명상은 현대의 의학이나 생리학, 심리학에서 말하는 '심신Psychosomatic 효과', 즉 몸과 마음을 동시에 안정을 주는 근본적인 방법이다. 이러한 내용들은 이미 서구에서 과학적으로 많은 검증이 되어왔다. 삶의 어떠한 상황에서 이 내면의 안정된 상태가 유지될 수 있다는 것은 아주 중요한 것이다. 끊임없이 변하는 삶의 흐름 속에서 긴장이나 불안한 요소가 많은 사회생활 속에서도 이러한 흔들림이 적은 잔잔한 평안함이 유지된다면, 호흡 명상의 목표는 달성되었다고 본다.

빠르게 바뀌어가는 이 세상에서 자신의 삶이 휘둘리지 않고 진행되는 것이 중요하다. 사람들은 자기 자신에게 항상 물어본다. 내가 사는 것이 만족스럽고 행복한가? 그렇지 않는다면 그 평온을 찾기 위한 노력은 어떤 방식으로든지 노력하려고 할 것이다.

고대 인도의 경전에서는 "삶의 목적이 무엇인가?"라고 묻는 구절이 있었다. 그때 단순하게 답은 "행복"이라고 하였다. 이 "행복"이 구구절절하게 복잡한 단어를 쓰지 않더라도 누구에게나 와닿는 말이기도 하다.

사람들은 극한 상황에서 예를 들면 병이 났거나 아니면 아주 힘든 상황에 닥쳤을 때, 자신을 돌이켜보면서 내가 어떻게 살아왔고 내가 진짜 행복하고 만족스럽게 살았는가 하고 돌이켜본다.

이때 누구든지 삶이 평안하고 행복했으면 하는 것이다. 이러한 만족감을 지금 현재의 일상에서 느끼고 체험하는 것이 중요한 것이다. 호흡 명상은 어떤 것도 바라지 않고 바로 그러한 지금의 상태를 언제나 자신과 함께 만들어갈 것이다.

삶의 주기에 대하여

인생을 사는 데 여러 단계 내지는 주기가 있다. 인도에서는 인생을 네 단계로 나누어서 표현한다. 첫 번째 단계는 학습하고 공부하는 기간인 브라흐마차리Brahmacari다. 두 번째는 사회적인 의무와 활동과 봉사하며 결혼해서 생활하는 재가의 기간인 그리하스타Grihasta다. 세 번째는 숲속이나 산을 비롯한 고요한 장소에서 명상과 수행에 전념하는 기간인 바나프라스타Vānaprastha다. 네 번째는 모든 소유와 속박을 벗어나 일정한 거처를 정하지 않고 다니면서 궁극적인 절대와 만나기를 원하는 산야사Sannyāsa다.

현대에서는 삶의 주기가 옛날과는 다를 것이다. 그러나 사람들은 누구든지 공부할 때는 공부를 잘해서 좋은 학교에 들어가 공부하고,

젊어서는 좋은 직장이나 사업을 하여 충분한 경제력을 가지고 살며 결혼하여 잘사는 것이다. 젊어서 많은 활동을 한 다음 나이가 들어서는 은퇴를 하여 자신의 시간을 가지면서 생활하는 것이다. 많은 책을 읽고 자신의 삶을 무르익게 만드는 것이다. 인생의 마지막은 죽음을 아름답게 맞이하기 위한 정신적인 준비를 하는 것이다. 이러한 삶의 주기를 넘어선 사람도 있다.

고대 인도의 우리 스승의 전통에 삼카라Shamkara라는 스승은 짧은 32세에 모든 것을 다 이루고 세상을 떠났다. 아이를 갖기 원하는 신심이 강하고 영적인 나이 많은 노부부의 꿈에 시바신이 나타나서 "평범하고 많은 아들을 두기를 원한다면 그들을 모두 오래 살 수 있지만, 단 한 명의 아들을 원한다면 그는 모든 지혜는 다 가질 수 있으나 오래 살지는 못할 것이다"라고 하였다. 그는 일찍이 산야시가 되어 어린 나이에 영적인 길을 향해 떠났다.

태어날 때부터 모든 삶의 과정이 이해되고 꿰뚫어 보는 드문 이들이 있다. 인도의 수행자 라마나 마하리쉬Ramana Maharish는 17세가 되는 때에 갑자기 죽음에 대한 공포가 엄습하였다. 그는 지금이라도 곧 죽을 것처럼 느껴졌으나 그것이 두렵거나 하지는 않았으며 오히려 그는 지금 무엇을 해야 하는가를 자각하였다.

"지금 바로 죽음이 닥쳐왔다. 그것은 어떤 것이며, 죽어가고 있는 것은 무엇일까? 죽는 것은 이 육신이다."

그리하여 그는 사지를 쭉 편 채로 누워서 입을 다물고 호흡을 정지

하여 외형상으로 마치 시체가 누워 있는 것처럼 되어 버렸다. 도대체 마하리쉬 몸에 그때 무슨 일이 일어난 것일까?

마하리쉬는 이렇게 생각하고 있었다고 한다.

"아, 이 육신은 지금 죽어버렸다. 그리고 화장터에 운반되어 재가 되겠지? 주위는 정적으로 죽은 듯이 고요하다. 그러나 나의 존재에 대한 자각이 흘러넘치는 것을 느끼며 나의 내부에 있는 육체와는 다른 '나'의 목소리를 들을 수 있었다. 따라서 나는 육체라고 하는 것을 초월한 의식인 것이다. 육체는 죽으나 그것을 초월한 이 의식은 결코 죽는 일이 없다. 결국 나는 불멸의 의식인 것이다."

훗날 마하리쉬가 이 체험을 그의 귀의자들에게 이야기할 때 그것은 하나의 논리적인 사고의 과정이었던 것처럼 해석된다. 그러나 그는 그것이 그와 같은 것이 아니었다는 것을 주의 깊게 설명하였다.

이때 지혜의 분별력인 그야니(지혜)와 베단타 철학(베다라는 엄청난 지식의 끝)의 핵심이 체득된 것이었다. "'나'라고 하는 것이 의식이다"라는 이해가 갑자기 그에게 번득였던 것이다. '나'는 지극히 유일한, 진실의 실재였다. 이런 것을 그는 전부 직관적으로 깨달았던 것이다. 이 경험 이후에 그에게 죽음의 공포는 영원히 사라졌다.

고대 인도의 위대한 수행자인 삼카라나 근대의 라마나 마하리쉬는 이미 태어나기 이전부터 많은 준비가 되어 있는 수행자들이다. 그래서 우리의 인생의 다이빙 지점은 다르며, 그 지점에서 최선을 다하는 것이다. 《바가바드 기타Bhagavad Gitā》에서 자신의 길인 다르마Dharma에 최선을 다하라고 하였다. 그렇지 않고 남의 길인 다르마를 따라간다면 위험하다고 하였다. 자신의 삶이 가장 아름답고 우주적이라고 선인들은 이야기한다.

"지금의 과정에서 최선을 다하는 것이 최고의 길이다."

호흡,
가장 경제적인
삶의 기술

우리는 삶을 살아가면서 언제나 힘들고 고통에 차있다고 생각한다. 잘 살다가 왜 이렇게 고통을 받는지, 그리고 어떤 원인에 의해서 힘들게 살아야 하는지 의문을 갖게 된다.

세상에서 가장 절실하게 고통을 자각하고 그것으로부터 벗어나려고 하였던 사람이 바로 붓다였다. 붓다가 태어났을 때 예언가 아시타Asita는 붓다의 아버지 숫도다나Suddhodana 왕에게 붓다가 성장하면 세계를 지배하는 왕이 되거나, 아니면 출가수행자가 된다고 하였다. 숫도다나 왕은 아들을 가능하면 세계를 지배하는 왕이 되게 하려고, 삶의 고통스런 면모를 보이지 않게 하려고 철저하게 그의 주위에 장막을 쳐서 모든 것이 즐겁고 행복하게 보이도록 하였다. 그래서 사람들의 자연스런 현상인 태어나고, 늙고, 병들고 죽는 네 가지의 고통에 대해 알 수 없게 하였다. 그러나 그렇게 인위적으로 외부세상을 막는 일은 계속될 수 없었고, 결국 젊은 시절의 싯다르타Siddahartha 왕자는 스스로 왕국을 떠나 수행을 하여 고통의 원인과 결과를 파악하고 지혜로운 붓다가 되었다.

이러한 고통의 원인을 붓다는 열두 가지 과정으로 자세히 설명하였다. 그 첫 번째 원인이 바로 무지라고 하였다. 그 무지한 마음이 바로 고통의 원인이라 하였다. 《요가 수트라》에서는 고통의 원인을 무지와 에고의식, 집착, 증오심, 애착 등 5가지로 표현하였다.

사람들은 태어나면서부터 이미 출산외상出産外傷, Birth Trauma을 통하여 외부적인 고통인 스트레스와 전투를 벌여야만 한다. 그래서 그런 것을 예견하듯이 인간은 울면서 태어난다고 한다. 특별히 웃으면서 태어났다고 전해지는 인도의 수행자 시바 푸리 바바Shiva Puri Baba를 제외한다면 말이다. 그러나 그도 살아가면서 외부적인 많은 도전을 통하여 영향을 받았을 것이다.

그래서 붓다는 고통을 직시하고 그것을 사라지게 하라는 가르침을 주었던 것이다. 누구도 이 상대적인 세계에서 절대적으로 행복할 수는 없다. 삶이라는 큰 바다를 항해하기 시작하여 종착역에 도달하기까지 우리에게는 많은 힘든 과정들이 존재한다. 다만 그러한 힘든 과정들과 순간순간 다가오는 스트레스들을 어떻게 잘 헤치고 극복해 나갈 것인가가 우리의 과제다.

그렇다면 어떻게 삶의 어려움들을 극복할 수 있을 것인가? 가장 중요한 것은 내 자신의 마음이 진정으로 편안하고 안정되어 있는 데에 있다. 몸과 마음은 언제나 같이 결합되어 서로의 반응에 영향을 주도록 되어 있다.

호흡을 잘 활용한다면 몸과 마음이 건강해짐으로써 내면적으로는 강해지며 외부적으로 성공을 이룰 수가 있는 것이다. 호흡을 통한 안정은 진정으로 내적인 행복과 외적인 행복, 그 모두를 가져다주는 단순한 방법이며 도구다. 어떤 것도 외부적으로 지불하지 않고 그 스스로 행할 수 있는 가장 경제적인 삶의 기술인 것이다.

만약 인간의 삶이 언제나 건강하고, 부유하고, 아름답고, 명예와 권력이 있으며, 자신과 주위의 가족들이 늙지 않고 행복하고 영원히 충만하게 살 수가 있다면, 우리가 구태여 어떤 삶을 충족시키려고 명상을 한다든지 종교를 가지거나 철학을 공부하려고 하지 않을 것이다. 인간의 삶은 언제나 모든 외부상황으로부터 도전을 받고 있기 때문이다.

한국 명상 문화의 흐름에 대하여

요즈음 들어 우리에게 명상이라는 말은 일반인들까지도 쉽게 접할 수 있는 것이 되었지만, 1970년대만 하더라도 명상이라고 하면 일반인들이 바로 생각하기에는 잘 이해되지 않는 이야기로 들리던 시절이었다.

하지만 그러한 시절에도 서구에서 인기를 얻어 비틀즈까지도 명상에 매료되어 인도에서 명상수행을 하게 하였던 마하리쉬 마헤시 요기의 초월명상이 1975년에 한국에 들어와 인도 명상이 알려졌다. 그 무렵 크리슈나무르티의《아는 것으로부터의 자유》라는 책이 시인 정현종에 의해 번역되기도 하였는데, 이 책은 수필가로서도 유명한 법정스님이 가장 좋아하는 책 중의 하나이기도 하다.

그 이후 1980년대에 들어서 크리슈나무르티, 라즈니쉬와 라마나 마하리쉬, 스와미 라마, 바바 하리다스 등 몇몇 인도의 수행자들의 책들이 번역되어 베스트셀러에 오르면서 명상이라는 말이 대중들에게 어느 정도 친숙하게 느껴지기 시작하였다. 그 당시 이슬람 수피 우화집인 라즈니쉬의《배꼽》은 젊은이들에게 선풍적인 호응을 얻었으며, 너무나도 인기가 좋아서 서로 앞다퉈 그의 책을 번역했을 정도였다. 그 중에서 석지현 스님과 무용가 홍신자가 처음 라즈니쉬의 책을 번역하기 시작하였으며, 그리고 후에 베스트셀러 작가의 확고한 위치에 올라간 시인 류시화와 그 외 몇몇 번역자들이 그의 책을 10년 이상 스테디셀러로 올려놓아 인도 명상의 대중화에 큰 역할을 하였다.

그리고 1980년 중반에 김정빈의《단》이란 실명소설이 출판되어 베스트셀러가 되면서 우리나라의 정신적인 뿌리를 찾는 한국적인 명상에 대한 관심이 일어나기 시작했으며, 우리의 민족적 자긍심을 고취시키는 역할을 하기도 했다. 그 후에도 우리의 고유경전인《천부경》과《참전계경》,《삼일신고》및 우리나라의 상고사에 대한 책들도 많이 나오게 되었으며 전통 수련법이나 호흡법 등도 보급되기 시작하였다.

1990년대 중반부터는 명상용품점이 생기는 등 명상에 대한 일반적인 관심들은 높아졌지만, 외국 성자나 수행자들을 소개하는 번역서들을 출판하려는 열기는 가라앉고 오히려 한국인들의 명상 수필이나 명상 시들이 붐을 이루게 되었다.

2000년대에 들어서는 인터넷을 통하여서도 명상에 대한 수많은 검색 정보들이 뜰 정도이며, TV 광고에도 명상을 하는 장면이 자주 쓰일 정도이지만, 아직도 보통은 명상에 대한 방법론이 모호하며 나름대로의 피상적인 느낌만을 가지고 있는 경우가 많다. 그래도 사람들이 가장 많이 알고 있는 명상법이 불교의 참선 정도인데 일반인들이 하기에는 너무 어려운 것이 사실이다.

일반적으로 접할 수 있는 명상 방식들 중에는 외국에서도 인기 있는 것은 위빠사나가 있으며, 1990년 중반에 미국으로부터 들어온 아바타Avatar 코스가 있는데 이것은 해리 팔머Harry Palmer가 심리요법인 게슈탈트Gestalt와 요가 명상과 위빠사나를 혼합하여 만든 명상요법으로 일주일 만에 즉각적인 깨달음을 준다고 하여 어느 정도의 반향을 일으켰다. 아바타와 심리요법과 언어학을 잘 접목시킨 리차드 밴들러Richard Bandler와 존 그린더Jhon Grinder가 만든 NLP(Neuro-Linguistic Programming, 신경언어프로그래밍)가 있으며 그것과 유사한 방법으로 감정이 몸의 상태에 영향을 주는 것을 보고 게리 크레이그Gary Craig가 만든 EFT(Emotional Freedom Technigues, 감정치유기법) 방법들이 있다. 몸의 상태와 감정적이거나 에너지의 상태와 마음의 상태를 동시에 생각하는 방법들이다.

명상은 크게 나누어 고전적인 전통을 가지고 하는 것과 그 배경을 가지고 개발한 방법들이 있는데, 그 두 측면의 방식이 서로 체계적으로 만나서 보완될 때 명상은 전문화되고 대중적으로도 발전될 것이다.

호흡 안에 존재하는 에너지

인간은 몇 가지의 요소를 가지고 살고 있다. 잘 먹고, 잘 자고, 잘 걷고, 잘 배설하고, 잘 생각하는 것들이다. 그 중에 가장 중요한 하나가 숨을 잘 쉬고 사는 것이다. 물속에 사는 물고기에게 물이 없다면 생존할 수 없듯이, 인간도 이 지구라는 혹성에서 살면서 산소를 공급받지 못하면 살 수 없다. 이 산소를 마시며 숨 쉬는 것과 몸이 움직이며 생각하고 사색하며 생존하는 것은 떨어질 수 없는, 밀접한 유기적인 관계다. 더 나아가 호흡이란 그 이상의 정신적 신체적인 상관관계로 인간과 함께 공존하고 있다.

인간의 역사는 이 생명의 끈을 호흡으로 연결하여 신과 인간의 통로로 삼기도 하였다. 그래서 많은 신화나 전설은 신이 인간을 창조하는데 가장 큰 원동력의 하나로 제일 먼저 숨을 불어넣었다는 이야기들이 많이 나온다. 몸과 마음을 다스리도록 만들어낸 세계의 수많은 자아계발 수행법들은 이 호흡과 연관되어 채택한 수행법들이다. 어떻게 하면 이 호흡하는 방법을 몸과 마음에 잘 이용할 수 있을까 하는 것이 모든 수행의 과제이기도 하다.

호흡 안에는 인간이 생존해야 하는 산소뿐만 아니라 눈에 보이지 않는 여러 에너지가 존재한다. 인간에게는 숨을 쉬는 것 자체가 하나의 기적이며, 자신의 존재감을 형성하고 자각할 만큼 중요하다.

이러한 역사가 인간의 진화와 형성과도 밀접하게 연관되어 있다. 숨을 천천히 쉬는 거북이는 100살 이상까지 살아간다. 인간이 태어나는 순간부터 호흡을 하면서 태어나고, 호흡이 멈추면서 죽는 과정을 겪는다. 호흡은 몸과 마음의 중간자로서 양쪽을 풍요롭게 해주는 강의 역할을 해준다. 세상의 모든 강은 흐르면서 물과 영양가를 공급하고 온도와 환경을 변화시켜주며 모든 삶을 윤택하게 해준다. 숨을 부드럽고 천천히 함으로써 몸에는 혈액이 돌고, 신경이 움직이며, 오장육부가 스스로 움직이게 하면서 몸을 깊게 쉬게 해주며 마음을 안정시켜주는 역할을 하는 것이다.

인간은 태어나면서부터 본능적으로 이 호흡의 본성과 호흡의 중요성을 깨닫고는 있지만 구체적으로 호흡이 우리의 몸과 마음에 어떤 영향을 주는지는 잘 알지 못한다. 호흡이라는 것을 고대의 인도인들은 프라나prana라고 하여 모든 것에 스며들어, 생명의 원천이 되고 생명을 유지하게끔 하고 몸에 활력을 넣어주고 정신에 새로운 방향을 제시해준다고 하였다.

중국의 도교에서는 호흡 에너지를 기氣라고 하여 그 기를 통하여 생명과 만물이 조화롭게 발전한다고 하였다. 그래서 인도의 요가나 불교의 수행과 중국의 도교나 한국의 선도의 수련에서는 어떻게 하면 이 호흡의 기능을 좀 더 정밀하게 연결하여 발전적으로 진행할까 하였던 것이 다양한 각도의 호흡 명상에서 몸과 마음의 수련으로 변화되거나 발전되어간 것이다.

인간은 몸, 호흡, 마음 또는 다른 말로는 정情, 기氣, 신神이 분리되지 않고 같이 연결되어 있다는 것을 알기 때문에 조금의 인위적인 힘을 가하면 이 셋 중의 하나가 오버되거나 문제가 되기 때문에, 강요하지 않고 가장 적절한 시간에 단계적으로 끌어올리도록 한다.

그래서 요가의 경전인 《하타요가 프라디피카Hathayoga Pradipika》에서는 "에너지인 프라나가 움직이면 마음도 따라 움직인다. 프라나가 움직이지 않으면 마음도 움직이지 않는다. 수행자는 흔들림 없는 마음에 도달해야 하는데 그러기 위해서는 프라나의 움직임을 통제해야만 한다"라고 하였다.

인간이 사고하고 사색하며 자신의 몸과 마음을 발전시키는 것은 예나 지금이나 전혀 다를 것이 없다. 그 스스로 실천하고 고대에서 행하여 왔던 같은 방식으로 해야 하기 때문에 아무리 세상이 현대화되고 첨단으로 발전된다 하여도, 인간 자신의 문제를 다루는 것이기 때문에 변화되지 않는 방식을 고수해 나갈 것이다. 그러므로 명상은 자신의 몸의 문제, 호흡, 에너지와 정신의 문제를 타파해 나가는 존재론적인 변함없는 방법론이다.

인도의 유명한 시인이며 수행자인 카비르Kabir는 호흡에 대하여 이렇게 노래하였다.

"오! 그대 충실한 하인이여,
어디서 나를 찾는가?
나는 신전에도, 사원에도 없으며
의식과 제례에도 없으며,
요가 수행이나 출가에도 없다.
보라! 나는 바로 그대 곁에 있다.
그대가 진정한 구도자라면
그대는 나를 볼 것이다.
그대는 매 순간마다 나를 만날 것이다.
카비르는 말한다.
'오! 구도자여, 신은 모든 생명의
숨과 숨 사이에 있다.'"

뜻과 의미로 몰입하는 방법 - 수트라

수트라Sutra는 뜻과 의미를 가지고 내면으로 몰입하게 하는 중요한 방법 중의 하나다. 수트라의 산스크리트 어원은 실타래이며 인도나 불교에서는 경經 또는 경전으로도 해석되는데 진리와 연결된 끈이라고 생각하면 될 것이다.

이러한 진리의 공식은 다양한 종교나 철학자들이나 사색가들이 명상 방법에서 쓰고 있다. 불교에서는 경전을 독송하며 진리를 파악하려고 하며 천주교에서는 핵심적인 진리의 단어를 묵상하고 있으며 기독교의 관상 명상이나 이슬람에서도 코란Koran 경전을 명상하고 사색한다. 그 외의 여러 종교단체나 도교나 유교나 선도의 명상 수행단체는 그러한 핵심적인 삶의 공식들을 사색하고 내면으로 침잠하게 하는 수단으로 쓰고 있기도 하다.

그러나 이러한 방법들은 절대로 거친 수준에서는 사색이 되지 않는다. 명상으로 몰입된 상태에서 마음이 하나로 집중된 상태로 진리를 파악할 수 있는 것이다. 《요가 수트라》는 명상의 상태를 자세하게 설명하고 있다. 어떻게 하면 마음이 순수한 내면 의식의 삼매에 몰입이 될 수 있는가? 명상은 어떻게 할 것인가? 그리고 명상을 하는 동안에 일어나는 여러 가지의 내면의 힘과 능력에 대하여 설명하고 마지막으로 명상의 목적이 무엇인가를 이야기한다.

《요가 수트라》의 첫 장에서 "요가 또는 명상은 마음의 상태를 통제하는 것이다"라고 하였다. 마음을 인위적인 것이 아닌 자연스러운 어떠한 수단을 통해서 통제한다면 그것은 명상이 되는 것이다. 예를 들면 행복이나 사랑에 대해서 사색하거나 명상을 한다면 그것은 처음부터 몰입할 수가 없다. 우선 그 의미를 파악할 수 있는 마음의 상태를 자아내어야만 하는 것이다. 《요가 수트라》에서 말하는 삶에서 가장 중요한 네 가지 공식이 있다. 불교에서는 그것을 사무량심四無量心으로도 번역하였고 팔리어나 한자나 영어로도 번역되는데 뜻은 아주 심오하다.

그 공식의 첫 번째는 '마이트리Maitri'인데 팔리어로는 '메타'로도 번역되었다. 그것의 산스크리트어의 뜻은 '천지만물과의 화합'이며 팔리어로는 '사랑'이나 '자애'를 말한다. 한자로는 자慈로 해석되고 영어로는 우정Friendship으로 해석되었다. 두 번째는 '까루나Karuna'인데 '동정심Compassion'이라는 의미를 가지며 불교에서는 '비悲'로 번역된다. 세 번째는 '무띠따Muddhita'인데 '행복Happiness'라는 의미를 가지며 '희喜'로 번역된다. 네 번째는 '우뻬크샤Upeksha'인데 '평온Evenness'라는 의미를 가지며 '사舍'로 번역된다.

필자는 인도 명상 단체에서 이 《요가 수트라》의 명상법을 할 때 '우주적인 화합'을 '우정'으로 번역하여 명상하는 것을 보고 서구화된 명상의 한계를 느꼈었다. 나는 인도 명상의 초기부터 명상을 실천하고 책도 번역하다 보니 명상 언어에 대한 민감한 부분들을 많이 느꼈다. 한때는 우리나라에 많은 외국 명상 서적들이 번역되기도 했었는데 유명 번역가가 아무리 영어를 잘 하더라도 명상의 책을 옮길 때 사용해야 할 용어에 대하여는 내게 자문하는 사람들이 자주 있었다. 언어는 여러 사람들이 만들어낸 공통점이다. 그러나 그 언어와 뜻을 사색하고 넘어서지 않으면 언어와 뜻에 묶이게 되는 것이다.

오래된 인도의 성지인 '모르나Morna'라는 곳에는 나의 스승님이 계셨었는데 내가 히말라야와 인도의 이곳저곳에서 여러 수행자들을 만나고 돌아오면 우리 스승님은 평소 하던 대로 밥을 한끼 만들어 주면서 나에게 그동안의 모든 것을 점검하시곤 하였다. "잘 있느냐?" 하는 한두 마디의 힌디어와 내 머리를 가볍게 만져주며 인도의 주식인 달과 자파티를 내어주는 것으로 내가 봉착한 삶의 공식에 대하여 답을 주곤 하였던 것이다.

수트라는 진리라는 말이다. 그것은 우리가 가지고 있는 모든 책들과 사전들 속에 다 존재하고 있는 것이지만, 우리는 그것을 꿰뚫고 파악하지 못할 뿐이다.